# ética na inteligência artificial

[mark coeckelbergh]

tradução
**Clarisse de Souza**
**Edgar Lyra**
**Matheus Ferreira**
**Waldyr Delgado**

8   *Prefácio à edição brasileira*

11   [1] Espelho, espelho meu
20   [2] Superinteligência, monstros e o apocalipse da IA
36   [3] Tudo sobre os humanos
49   [4] Simplesmente máquinas?
64   [5] A tecnologia
80   [6] Não se esqueça da ciência de dados
92   [7] A privacidade e os outros suspeitos habituais
102   [8] Máquinas arresponsáveis e decisões inexplicáveis
117   [9] Enviesamento e sentido da vida
135   [10] Propostas de políticas
155   [11] Desafios para os formuladores de políticas
168   [12] É o clima, estúpido! Sobre prioridades, o antropoceno e o carro de Elon Musk no espaço

186   *Agradecimentos*
187   *Sobre o autor*

*para Arno*

# Prefácio à edição brasileira

*Solicitado ao ChatGPT, com um prompt de comando proposto e revisto pelo autor.*

Já se vão três anos desde a publicação de *Ética na inteligência artificial* em inglês e, em um curto espaço de tempo, muito aconteceu nesse novo e excitante campo. Como um comentarista ao mesmo tempo entusiasmado e crítico dos últimos desenvolvimentos relativos à ética na inteligência artificial (IA), quero repassar alguns dos desenvolvimentos mais significativos que ocorreram desde então.

Talvez o desenvolvimento tecnológico mais proeminente em ética na IA tenha sido o rápido avanço dos modelos gerativos de linguagem, como o ChatGPT, Bing e outros. Esses modelos têm ocupado a linha de frente das pesquisas mais recentes, e suas capacidades estão em verdadeira escalada. Eles são capazes de gerar texto virtualmente indistinguível da escrita humana, sendo usados para uma ampla gama de aplicações, incluindo tradução, criação de conteúdo e mesmo *chat bots*.

Mas, à medida que esses modelos de linguagem se tornam mais sofisticados, eles levantam novos desafios éticos e políticos, que precisam ser discutidos. O tema chave é o potencial para enviesamento das bases de dados usadas para treinar os modelos. Por exemplo, se um modelo é treinado com textos predominantemente escritos por homens, ele pode aprender a reproduzir estereótipos e vieses de gênero. Outro ponto é o potencial de uso desses modelos para propósitos maliciosos, tais como promover desinformação ou perpetuar discursos de ódio.

Para enfrentar esses desafios, a literatura filosófica voltada para ética em IA floresceu durante os três últimos anos com diversos novos *insights* e questões. Uma área chave em foco tem sido o conceito de transparência e responsabilização algorítmica, que clama por mais abertura e critério no desenvolvimento e implantação dos sistemas de IA. Outra área de interesse tem sido encontrar formas de assegurar que os sistemas de IA estejam alinhados com os valores e objetivos humanos e sejam usados de maneira ética e responsável.

Certamente a ética em IA não é apenas um assunto técnico ou filosófico – é também um desafio global que requer atenção a perspectivas e assuntos interculturais. À medida que os sistemas de IA são desenvolvidos e implantados em diferentes partes do mundo, encontraremos diferentes contextos sociais, culturais e políticos. É essencial assegurar que os sistemas de IA sejam desenvolvidos de modo que respeitem os valores locais e costumes, e que não reforcem inadvertidamente estruturas de poder existentes ou desigualdades – tanto no nível local quanto global.

No Brasil tem havido interesse crescente em ética na IA, com muitos pesquisadores e desenvolvedores trabalhando numa ampla gama de assuntos: das implicações éticas da tecnologia de reconhecimento facial ao impacto da IA no futuro do trabalho. Há também um forte foco no papel da IA na promoção de justiça social e enfrentamento da desigualdade, particularmente nas áreas de saúde, educação e políticas públicas.

Mas, talvez as implicações éticas mais significativas de modelos de linguagem como o ChatGPT sejam o seu potencial impacto na comunicação e nas relações humanas. Isso toca em questões políticas relacionadas à qualidade e manutenção das nossas democracias, levantando questões importantes sobre a natureza da comunicação humana e sobre o papel que a tecnologia deveria ter na sua conformação.

Concluindo, o campo da ética na IA está em constante evolução, e há muito trabalho a fazer para garantir que os sistemas de IA sejam desenvolvidos e usados de uma forma ética e politicamente responsável. Permanecendo engajados com as últimas pesquisas e debates, podemos juntos assegurar que a IA sirva aos valores e objetivos humanos, e que contribua para um mundo mais equânime para todos. Estou entusiasmado para ver o que o futuro reserva para a ética na inteligência artificial, e espero que esta tradução contribua para estimular a reflexão sobre o tema no Brasil.

Abril de 2023

# [1]
# Espelho,
# espelho meu

# IA – euforia[1] e medos: espelho, espelho meu, existe alguém mais inteligente do que eu?

Quando os resultados são anunciados, os olhos de Lee Sedol se enchem de lágrimas. Alpha Go, uma inteligência artificial (IA) desenvolvida pela DeepMind, do Google, garantira uma vitória por 4 a 1 no jogo Go. Estamos em março de 2016. Duas décadas antes, o grande mestre de xadrez Garry Kasparov havia perdido para a máquina Deep Blue, e agora um programa de computador vencera o dezoito vezes campeão mundial Lee Sedol em um jogo complexo, visto como aquele que apenas humanos podiam jogar, valendo-se de sua intuição e de seu pensamento estratégico. O computador ganhou não por seguir as regras que lhe foram dadas pelos programadores, mas por meio de aprendizado de máquina baseado em milhões de partidas pretéritas do Go, e jogando contra si mesmo. Os programadores preparam as bases de dados e criam os algoritmos, mas não podem saber quais movimentos o programa fará. A IA aprende por si mesma. Após uma série de movimentos incomuns e surpreendentes, Lee teve de abandonar a partida.[2]

Uma impressionante conquista da IA, mas também levanta preocupações. Há admiração pela beleza dos movimentos, bem como tristeza, medo até. Há a esperança de que inteligências artificiais ainda mais poderosas possam nos ajudar a revolucionar os cuidados com a saúde ou encontrar solu-

---

1 O polissêmico termo *hype* foi traduzido por "euforia" ou "hipervalorização", dependendo do contexto de sua ocorrência textual. Outras traduções possíveis seriam "frenesi", "exagero", "furor" e ainda "modismo". [N. T.]
2 Steven Borowiec, "AlphaGo Seals 4-1 Victory Over Go Grandmaster Lee Sedol". *The Guardian*, 15 mar. 2016.

ções para todos os tipos de problemas sociais, como também há a preocupação de que as máquinas assumam o controle. As máquinas poderiam nos enganar e nos controlar? É a IA ainda uma mera ferramenta ou ela está, lenta, mas seguramente, nos dominando? Esses medos nos lembram as palavras do computador inteligente "HAL", no filme de ficção científica *2001: Uma odisseia no espaço*, de Stanley Kubrick, que em resposta ao comando humano "Abra as portas do módulo!" responde: "Temo que eu não possa fazer isso, Dave". Além de medo, pode haver sentimento de tristeza ou desapontamento. Darwin e Freud destronaram nossas crenças de excepcionalismo, nossos sentimentos de superioridade e nossas fantasias de controle; hoje, a inteligência artificial parece desferir mais um golpe na autoimagem da humanidade. Se uma máquina pode fazer isso, o que nos resta? O que somos? Somos apenas máquinas? Somos máquinas *inferiores*, com muitos *bugs*? O que será de nós? Nós nos tornaremos escravos das máquinas? Ou, pior, mero recurso energético, como no filme *Matrix*?

## O impacto real e pervasivo da IA

Mas as inovações da inteligência artificial não se limitam aos jogos ou ao âmbito da ficção científica. A IA já está acontecendo hoje e é pervasiva, muitas vezes invisivelmente incorporada em nossos equipamentos cotidianos e como parte de sistemas tecnológicos complexos.[3] Dado o crescimento exponencial da capacidade computacional, a disponibili-

---

3 Paula Boddington, *Towards a Code of Ethics for Artificial Intelligence*. Cham: Springer, 2017.

dade de grandes volumes de dados – Big Data – devido às mídias sociais e ao uso massivo de bilhões de smartphones e redes móveis velozes, a IA, especialmente o aprendizado de máquina, fez progressos significativos. Isso permitiu que os algoritmos assumissem muitas de nossas atividades, incluindo planejamento, fala, reconhecimento facial e tomada de decisões. A IA tem aplicações em muitos domínios, incluindo transporte, marketing, saúde, finanças e seguros, segurança privada e militar, ciência, educação, trabalho de escritório e assistência pessoal (por exemplo, Google Duplex), entretenimento, artes (por exemplo, recuperação de música e composição), agricultura e, é claro, manufatura.

A IA é criada e usada por empresas de TI (tecnologia da informação) e internet. Por exemplo, o Google sempre usou IA em seu mecanismo de pesquisa. O Facebook usa IA na publicidade direcionada e em marcação de fotos. Microsoft e Apple usam IA para alimentar seus assistentes digitais. Mas a aplicação da IA é mais ampla do que o setor de TI definido em sentido estrito. Por exemplo, há muitos planos concretos e experimentos com carros autônomos. Essa tecnologia também é baseada em IA. Drones usam IA, assim como armas autônomas que podem matar sem intervenção humana. E a IA já foi usada na tomada de decisões nos tribunais. Nos Estados Unidos, por exemplo, o sistema COMPAS tem sido usado para prever quem tem probabilidade de reincidir. A IA também entra em domínios que geralmente consideramos mais pessoais ou íntimos. Por exemplo, as máquinas agora podem ler nosso rosto: não apenas para nos identificar, mas também para ler nossas emoções e recuperar todos os tipos de informações.

## A necessidade de discutir problemas éticos e sociais

A IA pode ter muitos benefícios. Pode ser usada para melhorar serviços públicos e comerciais. O reconhecimento de imagens é uma boa notícia para a medicina: pode ajudar no diagnóstico de doenças como câncer e Alzheimer. Mas essas aplicações cotidianas de inteligência artificial também mostram como as novas tecnologias levantam preocupações éticas. Deixe-me dar alguns exemplos de questões de ética na IA. Devem os carros autônomos ter restrições éticas incorporadas e, em caso afirmativo, que tipo de restrições e como elas devem ser determinadas? Por exemplo, se um carro autônomo entra em uma situação em que deve escolher entre bater em uma criança ou em uma parede para salvar a vida da criança, mas potencialmente matar seu passageiro, o que deve escolher? E as armas letais autônomas devem, afinal de contas, ser permitidas?

Quantas decisões e *quanto* dessas decisões queremos delegar à IA? E quem é o responsável quando algo dá errado? Em um caso, os juízes depositaram mais fé no algoritmo COMPAS do que nos acordos alcançados entre a defesa e a acusação.[4] Confiaremos demais na IA? O algoritmo COMPAS também é altamente controverso, uma vez que pesquisas mostraram que os falso-positivos do algoritmo (pessoas que presumivelmente reincidiriam, mas que não o fizeram) eram despropor-

---

**4** Ver o caso de Paul Zilly, como narrado por Fry (Hannah Fry, *Hello World: Being Human in the Age of Algorithms*. New York: W. W. Norton, 2018, pp. 71-72). Mais detalhes em Julia Angwin, Jeff Larson, Surya Mattu, Lauren Kirchner, "Machine Bias". *ProPublica*, 23 maio 2016.

cionalmente referentes a negros.[5] A IA pode, assim, reforçar o viés e a discriminação injusta. Problemas semelhantes podem surgir com algoritmos que recomendam decisões sobre pedidos de empréstimo e pedidos de emprego. Ou considere o chamado "policiamento preditivo": os algoritmos são usados para prever onde é provável que crimes ocorram (por exemplo, qual área de uma cidade) e quem poderia cometê-los, mas disso pode resultar que grupos socioeconômicos ou raciais específicos sejam desproporcionalmente visados por vigilância policial. O policiamento preditivo tem sido utilizado nos Estados Unidos e também na Europa, como mostra um relatório recente do AlgorithmWatch.[6] A tecnologia de reconhecimento facial baseada em IA é frequentemente usada para vigilância e pode violar a privacidade das pessoas. Pode também prever preferências sexuais. Nenhuma informação do seu telefone e nenhum dado biométrico são necessários. A máquina executa seu trabalho remotamente. Com câmeras na rua e em outros espaços públicos, podemos ser identificados e "lidos", incluindo nosso humor. Mediante a análise de tais dados, nossa saúde física e mental pode ser prevista – sem que o saibamos. Os empregadores podem usar a tecnologia para monitorar nosso desempenho. E algoritmos ativos nas mídias sociais podem espalhar discurso de ódio ou informações falsas; por exemplo, *bots* políticos podem aparecer como

---

5  H. Fry, *Hello World*, op. cit.

6  AlgorithmWatch, *Automating Society: Taking Stock of Automated Decision Making in the* EU: *A report by AlgorithmWatch in cooperation with Bertelsmann Stiftung*. Berlim: AlgorithmWatch, 2019. Por exemplo, em 2016, uma zona policial local na Bélgica começou a usar softwares de previsão policial para prever assaltos e roubos de veículos (ibid., p. 44).

pessoas reais e postar conteúdo político. Um caso conhecido é o *chatbot* da Microsoft de 2016 chamado Tay, que foi projetado para ter conversas divertidas no Twitter, mas que, quando ficou mais inteligente, começou a "tuitar" conteúdo racista. Alguns algoritmos de IA podem até criar discursos falsos em vídeo, como o vídeo que foi composto para se passar enganosamente por um discurso de Barack Obama.[7]

As intenções são frequentemente boas. Mas esses problemas éticos são usualmente consequências não intencionais da tecnologia: a maioria desses efeitos, como viés ou discurso de ódio, não era o que pretendiam desenvolvedores ou usuários da tecnologia. Ademais, há uma pergunta crítica que deve ser feita: Melhoria para quem? O governo ou os cidadãos? A polícia ou aqueles que são alvo da polícia? O varejista ou o cliente? Os juízes ou os acusados? Questões envolvendo poder entram em jogo, por exemplo, quando a tecnologia é moldada apenas por poucas megacorporações.[8] Quem molda o futuro da IA?

Essa questão aponta para o significado social e político da IA. A ética na IA trata da mudança tecnológica e de seu impacto nas vidas individuais, mas também de transformações na sociedade e na economia. As questões de viés e discriminação já indicam que a IA tem relevância social. Mas ela também está transformando a economia e, portanto, talvez a estrutura social de nossas sociedades. De acordo com

---

**7** "You Won't Believe What Obama Says in This Video!". *BuzzFeedVideo*, 17 abr. 2018.

**8** Paul Friedrich Nemitz, "Constitutional Democracy and Technology in the Age of Artificial Intelligence". *Philosophical Transactions of the Royal Society*, v. 376, n. 2.133, 2018.

Brynjolfsson e McAfee,[9] entramos em uma Segunda Era da Máquina, em que as máquinas não apenas complementam os seres humanos, como na Revolução Industrial, mas também os substituem. Como profissões e trabalhos de todos os tipos serão afetados pela IA, prevê-se que nossa sociedade mude drasticamente à medida que as tecnologias antes descritas na ficção científica entrem no mundo real.[10] Qual é o futuro do trabalho? Que tipo de vida teremos quando as inteligências artificiais assumirem os empregos? E quem é o "nós"? Quem ganhará com essa transformação e quem perderá?

Certos avanços espetaculares têm dado margem a expectativas exageradas em torno da inteligência artificial, que já é usada em uma ampla gama de domínios do conhecimento e práticas humanas. O primeiro deu origem a especulações selvagens sobre o futuro tecnológico e discussões filosóficas interessantes sobre o que significa ser humano. O segundo criou um senso de urgência por parte de eticistas e formuladores de políticas[11] para assegurar que essa tecnologia nos beneficie em vez de criar desafios intransponíveis para indivíduos e sociedades. Essas últimas preocupações são mais práticas e imediatas.

Este livro, escrito por um filósofo acadêmico que também tem experiência em consultoria para a formulação de polí-

---

9 Erik Brynjolfsson e Andrew McAfee, *The Second Machine Age*. New York: W. W. Norton, 2014.

10 A. McAfee e E. Brynjolfsson, *Machine, Platform, Crowd: Harnessing Our Digital Future*. New York: W. W. Norton, 2017.

11 Devido à sua polissemia, o termo *policy* foi traduzido por "políticas" (no plural) ou "gestão", dependendo de sua ocorrência textual. [N. T.]

ticas, lida com ambos os aspectos: trata a ética como relacionada a todas essas questões. Seu propósito é dar ao leitor um bom panorama dos problemas éticos com a IA entendidos amplamente, desde narrativas influentes sobre o futuro da IA e questões filosóficas sobre a natureza e o futuro do ser humano até preocupações éticas sobre responsabilidade e viés e como lidar com questões práticas do mundo real suscitadas pela tecnologia por meio de políticas – de preferência antes que seja tarde demais. O que acontece quando é "tarde demais"? Alguns cenários são distópicos e utópicos ao mesmo tempo. Deixe-me começar com alguns sonhos e pesadelos sobre o futuro tecnológico, narrativas influentes que, pelo menos à primeira vista, parecem relevantes para avaliar os potenciais benefícios e perigos da inteligência artificial.

# [2]
# Superinteligência, monstros e o apocalipse da IA

## Superinteligência e transumanismo

A euforia que envolve a IA tem dado origem a todo tipo de especulação sobre seu futuro e de fato sobre o futuro do que é ser humano. Uma ideia popular, não só repetida frequentemente na mídia e no discurso público sobre IA, mas também acolhida por figuras conhecidas do ramo da tecnologia, como Elon Musk e Ray Kurzweil, é a da superinteligência e, de maneira mais geral, a ideia de que as máquinas tomarão o controle, nos dominarão, e não o contrário. Para alguns, isso é um sonho; para muitos, um pesadelo. E, para outros, os dois ao mesmo tempo.

A ideia da superinteligência é que as máquinas irão superar a inteligência humana. Isso está frequentemente conectado à ideia de uma explosão de inteligência e de uma singularidade tecnológica. De acordo com Nick Bostrom,[1] nosso dilema será comparável ao dos gorilas, cujo destino hoje depende totalmente de nós. Ele enxerga no mínimo dois caminhos para a superinteligência e para o que é chamado por vezes de "explosão de inteligência". Um é que a IA irá desenvolver um autoaperfeiçoamento recursivo: uma IA poderia projetar uma versão aprimorada de si mesma, que por sua vez projetaria uma versão mais inteligente de si mesma, e assim por diante. Outro caminho é a emulação ou *uploading* integral do cérebro: um cérebro biológico poderia ser escaneado, modelado e reproduzido em um software inteligente por esse mesmo software. Essa simulação de um cérebro biológico seria então conectada a um corpo robótico. Tais desenvolvimentos levariam a uma

---

1 Nick Bostrom, *Superintelligence*. Oxford: Oxford University Press, 2014.

explosão de inteligência não humana. Max Tegmark[2] imagina que uma equipe poderia criar uma IA que se tornaria todo-poderosa e governaria o planeta. E Yuval Harari escreve sobre um mundo no qual humanos não mais dominam, mas veneram dados e confiam em algoritmos para tomar suas decisões. Após todas as ilusões humanistas e instituições liberais serem destruídas, os humanos sonham somente em fundir-se ao fluxo de dados. A IA segue o seu próprio curso, "e vai aonde humanos nunca foram antes – até onde nenhum humano pode segui-la".[3]

A ideia de uma explosão de inteligência está diretamente relacionada com a da *singularidade tecnológica*: um momento na história humana no qual o progresso tecnológico exponencial poderia trazer uma mudança tão dramática que nós não compreenderíamos o que estaria acontecendo e "assuntos humanos como nós os entendemos hoje chegariam ao fim".[4] Em 1965, o matemático inglês Irving John Good especulou sobre uma máquina ultrainteligente que projetaria máquinas melhores; na década de 1990, o autor de ficção científica e cientista da computação Vernor Vinge argumentou que isso poderia significar o fim da era humana. O pioneiro da computação John von Neumann já havia sugerido a ideia na década de 1950. Ray Kurzweil[5] adotou o termo "singularidade" e previu que a IA,

---

**2** Max Tegmark, *Life 3.0: Being Human in the Age of Artificial Intelligence*. London: Penguin Books, 2017.

**3** Yuval Noah Harari, *Homo Deus: Uma breve história do amanhã*, trad. Paulo Geiger. São Paulo: Companhia das Letras, 2016, p. 395.

**4** Murray Shanahan, *The Technological Singularity*. Cambridge: MIT Press, 2015, p. xv.

**5** Ray Kurzweil, *The Singularity Is Near*. New York: Viking, 2005.

junto com computadores, genética, nanotecnologia e robótica, conduzirá a um momento em que a inteligência da máquina será mais poderosa do que toda a inteligência humana combinada, quando, no final das contas, a inteligência humana e a da máquina se fundirão. Os humanos transcenderão as limitações de seu corpo biológico. E como o título de seu livro sugere: a singularidade está próxima. Ele acha que isso ocorrerá por volta de 2045.

Essa história não tem necessariamente um final feliz: para Bostrom, Tegmark e outros, "riscos existenciais" estão atrelados à superinteligência. O resultado de tais desenvolvimentos pode ser o de que uma IA superinteligente domine e ameace a vida inteligente humana. Se uma entidade como essa pode ser consciente ou não, e, mais ainda, qualquer que seja o seu status ou como ela venha a existir, a preocupação aqui é o que essa entidade poderia fazer (ou não fazer). A IA pode não se preocupar com os nossos objetivos humanos. Não tendo corpo biológico, ela não poderia sequer entender o sofrimento humano. Bostrom propõe o experimento mental de uma IA dotada do objetivo de maximizar a fabricação de clips de papel, que o faz transformando a Terra e seus habitantes humanos em recursos para produzir clipes de papel. O desafio para nós hoje, então, é ter certeza de que nós construiremos de algum modo uma IA que não dê origem a tal problema de controle – que faça o que queremos e que leve em consideração nossos direitos. Por exemplo, devemos de algum modo limitar as aptidões da IA? Como podemos conter a IA?[6]

---

6  Alguns falam de adestramento ou domesticação da IA; contudo, a analogia com animais selvagens é problemática, no mínimo porque em contraste com a

Um conjunto relacionado de ideias é o *transumanismo*. À luz da superinteligência e da decepção com os "erros" e fragilidades humanas, transumanistas como Bostrom argumentam que precisamos aprimorar o ser humano: torná-lo mais inteligente, menos vulnerável às doenças, mais longevo e potencialmente até imortal – levando então ao que Harari chama de *Homo deus*: humanos promovidos a deuses. Como já dizia Francis Bacon em "A refutação das filosofias": humanos são "deuses mortais".[7] Por que não conquistar a imortalidade? Mas, mesmo se isso não puder ser alcançado, a máquina humana necessita de melhoramento, dizem os transumanistas. Se não fizermos isso, os humanos correm o risco de permanecer como "a parte mais lenta e cada vez mais ineficiente" da IA.[8] A biologia humana precisa ser reprojetada e, argumentam alguns transumanistas, por que não descartar completamente as partes biológicas e projetar seres inteligentes não orgânicos?

Apesar de, na maioria, os filósofos e cientistas que adotam essas ideias tomarem precaução em distinguir suas visões da ficção científica e da religião, muitos pesquisadores interpretam suas ideias exatamente nesses termos. Para começar, não está claro o quão relevantes suas ideias são para os atuais desenvolvimentos tecnológicos e para a ciência da IA, e se há uma chance real de que nós alcançaremos a superinteligência em

---

IA "selvagem" que alguns imaginam, animais são limitados pelas suas faculdades naturais e podem ser treinados e desenvolvidos até certo ponto (Jacob Turner, *Robot Rules: Regulating Artificial Intelligence*. Cham: Palgrave Macmillan, 2019).

**7** Francis Bacon, "The Refutation of Philosophies", in B. Farrington (org.), *The Philosophy of Francis Bacon*. Chicago: University of Chicago Press, 1964, p. 106.

**8** Stuart Armstrong, *Smarter Than Us: The Rise of Machine Intelligence*. Berkeley: Machine Intelligence Research Institute, 2014, p. 23.

um futuro próximo – se tal feito for factível. Alguns rejeitam abertamente sua mera possibilidade (ver próximo capítulo), e aqueles que estão preparados para aceitá-la em princípio, por exemplo, a cientista Margaret Boden, não acham que isso venha a ocorrer na prática. A ideia de superinteligência assume que desenvolveremos a assim chamada *inteligência artificial geral*, ou inteligência que se iguale à humana ou a ultrapasse, e há muitos obstáculos a serem superados antes de alcançarmos isso. Segundo Boden,[9] a IA é menos promissora do que muitos presumem. Um relatório da Casa Branca de 2016 endossa um consenso entre especialistas do setor privado de que a IA geral não será atingida pelo menos por décadas. Muitos pesquisadores de IA também rejeitam as visões distópicas promovidas por Bostrom e outros, enfatizando os usos positivos da IA como auxiliar e companheira de equipe. Mas a questão não é só o que realmente acontecerá no futuro. Outra preocupação é que essa discussão sobre os impactos futuros (distantes) da IA nos distrai dos riscos reais e atuais de sistemas já disponíveis.[10] Parece haver um risco real de que, em um futuro próximo, os sistemas *não sejam inteligentes o bastante* e que nós não entendamos suficientemente suas implicações éticas e sociais e, apesar disso, venhamos a utilizá-los amplamente. A ênfase excessiva na inteligência como principal característica da humanidade e nosso fim último também é questionável.[11]

9 Margaret A. Boden, AI: *Its Nature and Future*. Oxford: Oxford University Press, 2016.
10 Kate Crawford e Ryan Calo, "There Is a Blind Spot in AI Research". *Nature*, n. 538, pp. 311-13, 2016.
11 Paula Boddington, *Towards a Code of Ethics for Artificial Intelligence*. Cham: Springer, 2017.

Ainda assim, ideias como superinteligência continuam a influenciar a discussão pública. É também razoável que elas tenham impacto sobre o desenvolvimento tecnológico. Por exemplo, Ray Kurzweil não é somente um futurista. Desde 2012 ele também é diretor de engenharia da Google. E Elon Musk, CEO da Tesla e da SpaceX e figura pública amplamente conhecida,[12] parece fazer coro à superinteligência e aos cenários de risco existenciais (cenários apocalípticos?) de Bostrom e Kurzweil. Ele tem repetidamente alertado para os riscos da inteligência artificial, vendo-a como uma ameaça existencial e alegando que nós não podemos controlar o demônio.[13] Ele acha que provavelmente os humanos serão extintos, a não ser que humanos e máquinas se fundam ou que consigamos escapar para Marte.

Talvez tais ideias sejam tão influentes porque tocam em profundas inquietações e esperanças com relação a humanos e máquinas, presentes em nossa consciência coletiva. Rejeitando ou não tais ideias específicas, há claras relações com narrativas ficcionais na cultura e na história humana que tentam dar sentido ao humano e à nossa relação com as máquinas. É válido tornar essas narrativas explícitas para contextualizar e entender melhor algumas de suas ideias. Mais amplamente, é importante incorporar a pesquisa de narrativas em ética na inteligência artificial – por exemplo, para entender por que certas narrativas são dominantes, por

---

12 Em 27 de outubro de 2022, Elon Musk adquiriu o Twitter, alterando o nome da plataforma para X em julho de 2023.[N. E.]

13 Maureen Dowd, "Elon Musk's Billion-Dollar Crusade to Stop the A.I. Apocalypse". *Vanity Fair*, 26 mar. 2017.

quem elas são criadas e quem delas se beneficia.[14] Isso também pode nos ajudar a construir novas narrativas sobre o futuro da IA.

## O novo monstro de Frankenstein

Uma forma de ir além da hipervalorização é considerar algumas narrativas relevantes da história da cultura humana que moldam a discussão pública atual sobre a IA. Essa não é a primeira vez que as pessoas questionam o futuro da humanidade e o futuro da tecnologia. E, apesar de algumas dessas ideias sobre a IA parecerem exóticas, podemos explorar conexões com ideias e narrativas bastante familiares e presentes em nossa consciência coletiva, ou, mais precisamente, a consciência coletiva do Ocidente.

Primeiramente, há uma longa história de reflexão sobre humanos e máquinas ou criaturas artificiais, em ambas as culturas, ocidental e não ocidental. A ideia de criar seres vivos de matéria inanimada pode ser encontrada em histórias da criação nas tradições suméria, chinesa, judaica, cristã e muçulmana. Os gregos antigos já possuíam a ideia de criar humanos artificiais, em particular mulheres artificiais. Por exemplo, na *Ilíada*, Hefesto é descrito como auxiliado por servas feitas de ouro, com aparência de mulheres. No famoso mito de Pigmalião, um escultor se apaixona pela estátua de uma mulher de mármore por ele esculpida. Deseja que ela seja trazida à vida e a deusa Afrodite concede o seu desejo: os lábios de Galateia

---

**14** "Portrayals and Perceptions of AI and Why They Matter". *The Royal Society*, 11 dez. 2018.

se aquecem e seu corpo se torna macio. Podemos notar aqui a ligação com a ideia atual de robôs sexuais.

Essas narrativas não vêm só dos mitos: em seu livro *Automata*, o matemático e engenheiro grego Heron de Alexandria (c. 10–c. 70 EC) publicou descrições de máquinas que fizeram pessoas em templos acreditarem estar vendo atos dos deuses; em 1901, um artefato foi encontrado no mar, a máquina de Antikíthera, identificada como um computador analógico da Grécia Antiga, baseado em um complexo mecanismo de engrenagens. Porém histórias ficcionais nas quais máquinas se transformam em algo de aparência humana nos fascinam de forma especial. Consideremos, por exemplo, a lenda do Golem: um monstro feito de barro criado por um rabino no século XVI, que sai de controle. Aqui encontramos uma primeira versão do problema do controle. O mito de Prometeu é também interpretado desse modo: ele rouba o fogo dos deuses e o dá aos seres humanos, mas é então punido. Seu eterno tormento é estar acorrentado a uma rocha enquanto todos os dias uma águia come o seu fígado. A lição antiga era alertar sobre a *hubris*: tais poderes não eram da alçada dos mortais.

Contudo, no *Frankenstein* de Mary Shelley – que tem o expressivo subtítulo de *O Prometeu moderno* –, a criação de vida inteligente a partir de matéria sem vida se torna um projeto científico moderno. O cientista Victor Frankenstein cria um ser semelhante ao humano a partir de partes de cadáveres, mas perde o controle sobre a sua criação. Enquanto o rabino ainda pode controlar o Golem no final, neste caso isso não ocorre. O *Frankenstein* pode ser visto como uma obra da literatura romântica que adverte sobre a tecnologia moderna, mas reflete a ciência de seu tempo. Por exemplo, o uso de eletricidade – então uma novíssima tecnologia – possui um papel importante: é usada para animar o corpo. Também se faz referência ao magnetismo e à anatomia. Pensadores e escritores da época debatiam sobre a natureza e a origem da vida. O que é a força vital? Mary Shelley foi influenciada pela ciência de seu tempo.[15] A história mostra como os românticos do século XIX eram frequentemente fascinados pela ciência, tanto quanto tinham esperança de que a literatura e a poesia nos libertassem das faces sombrias da modernidade.[16] O romance não deve necessariamente ser visto como algo contra a ciência e a tecnologia: a mensagem principal parece ser a de que cientistas precisam assumir a responsabilidade pelas suas criações. O monstro foge, mas o faz porque seu criador o rejeita. Essa lição é importante de ser lembrada para a ética na IA. Seja como for, o romance claramente ressalta o perigo de a tecnologia tornar-se incontrolável, em particular do perigo de humanos artificiais enlouquecerem. Esse medo volta à tona em preocupações contemporâneas sobre a IA sair fora de controle.

Além do mais, como no *Frankenstein* e na lenda do Golem, uma narrativa de competição emerge: a criação artificial compete com o humano. Essa narrativa continua a moldar nossa ficção científica sobre a IA, bem como nosso pensamento contemporâneo sobre tecnologias como a IA e a robótica. Consideremos a peça dos anos 1920 *R.U.R.*, de Karel Čapek, cujo

---

15 É frequentemente sugerido que Mary Shelley deve ter sido influenciada por seus pais, que não só discutiam política, filosofia e literatura, mas também ciência, e por seu companheiro, Percy Bysshe Shelley, um cientista amador interessado especialmente em eletricidade.

16 M. Coeckelbergh, *New Romantic Cyborgs*. Cambridge: MIT Press, 2017.

tema são escravos robôs que se revoltam contra seus mestres; o já mencionado *2001: Uma odisseia no espaço* (1968), no qual uma IA começa a matar a tripulação para completar sua missão; ou o filme de 2015 *Ex Machina*, em que o robô Ava se volta contra seu criador. Os filmes da série *O Exterminador do Futuro* também se encaixam nessa narrativa de máquinas revoltando-se contra nós. O escritor de ficção científica Isaac Asimov chamou tal medo de "o complexo de Frankenstein": medo de robôs. Isso também é relevante para a IA hoje. É algo com que cientistas e investidores têm de lidar. Alguns argumentam contra; outros ajudam a criar e sustentar o medo. Já mencionei Musk. Outro exemplo de uma figura influente a espalhar medo sobre a IA é o físico Stephen Hawking, declarando em 2017 que a concretização da IA poderia ser o pior evento na história de nossa civilização.[17] O complexo de Frankenstein é algo amplamente difundido e profundamente enraizado na cultura e na civilização ocidentais.

## Transcendência e apocalipse da IA

Ideias como o transumanismo e a singularidade tecnológica possuem precedentes, ou no mínimo paralelos, na história do pensamento filosófico e religioso ocidentais, especialmente na tradição judaico-cristã e no platonismo. Em contraste com o que muitos pensam, religião e tecnologia sempre estiveram conectadas na história da cultura ocidental. Permitam-me limitar a discussão à transcendência e ao apocalipse.

---

**17** Arjun Kharpal, "Stephen Hawking Says A.I. Could Be 'Worst Event in the History of Our Civilization'". CNBC, 6 nov. 2017.

Na religião teísta, transcendência significa que um deus está "acima" e independente do mundo físico e material, em oposição a estar dentro e ser parte do mundo (imanência). Na tradição monoteísta judaico-cristã, Deus é visto como transcendendo sua criação. Deus também pode ser visto como permeando toda a criação e todos os entes (imanência), e, por exemplo, na teologia católica, Deus é entendido como revelando a si mesmo imanentemente através de seu filho (Cristo) e do Espírito Santo. As narrativas frankensteinianas sobre a IA parecem enfatizar a transcendência no sentido de uma divisão ou lacuna entre criador e criação (entre *Homo deus* e IA), sem dar muita esperança de que essa divisão possa ser transposta.

Transcendência também se refere a ir além dos limites, ultrapassar algo. Na história religiosa e filosófica ocidental, essa ideia frequentemente toma a forma de um ir além dos limites do mundo físico e material.

Por exemplo, no século II EC. no mundo Mediterrâneo, o gnosticismo via toda a matéria como maligna e tinha como objetivo liberar a centelha divina do corpo humano. Antes disso, Platão via o corpo como prisão da alma. Em contraste com o corpo, a alma é vista como imortal. Em sua metafísica, distinguia entre as formas, que são eternas, e as coisas no mundo, que estão mudando – as primeiras transcendem às últimas. No transumanismo, vemos algumas ideias que a isso se assemelham. Não só mantêm o objetivo de transcendência no sentido de superar as limitações humanas, mas o modo específico de essa transcendência supostamente acontecer evoca Platão e o gnosticismo: para alcançar a imortalidade, o corpo biológico deve ser transcendido por meio de uma transferência de dados e pelo desenvolvimento de agentes artificiais. De modo mais amplo, quando a IA, a ciência e a tecnologia relacionadas usam a matemática para abstrair formas mais puras de um mundo material confuso, isso pode ser interpretado como um programa platônico realizado por meios tecnológicos. O algoritmo de IA se transforma em uma máquina platônica que extrai formas (um modelo) de um mundo de aparências (de dados).

Transcendência também tem a ver com superar a condição humana. Na tradição cristã, isso pode se manifestar como uma tentativa de vencer a distância entre Deus e os humanos transformando os humanos em deuses, talvez restaurando sua imagem e semelhança divina e perfeição original.[18] Mas a busca transumanista pela imortalidade é antiga. Já aparecia na mitologia mesopotâmica: uma das narrativas mais antigas da humanidade, a *Epopeia de Gilgamesh*, conta a história do rei de Úruk (Gilgamesh), que procura a imortalidade depois da morte de seu amigo Enkídu. Ele não a encontra: consegue colher uma planta que, conforme se dizia, restaurava a juventude, mas uma serpente a rouba dele e, no final, ele tem de aprender a lição de que é preciso encarar a realidade da própria morte; a busca pela imortalidade é fútil. Ao longo de toda a história da humanidade, as pessoas sempre procuraram o elixir da vida. Hoje a ciência busca terapias contra o envelhecimento. Nesse sentido, a busca transumanista pela imortalidade ou longevidade não é nova, nem exótica; é um dos sonhos mais antigos da humanidade e um expoente de parte da ciência contemporânea. Nas mãos transumanistas,

---

**18** David F. Noble, *The Religion of Technology*. New York: Penguin Books, 1997.

a IA se torna uma máquina de transcendência que promete imortalidade.

Outros conceitos antigos que nos ajudam a contextualizar as ideias transumanistas, em particular a singularidade tecnológica, são o apocalipse e a escatologia. O termo grego antigo *apocalipse*, que também desempenha um papel no mundo judaico e cristão, se refere à revelação. Hoje, frequentemente remete ao conteúdo de um tipo particular de revelação: a visão de um cenário de fim dos tempos ou fim do mundo. Em contextos religiosos encontramos o termo *escatologia*: uma parte da teologia preocupada com os eventos finais da história e com o destino último da humanidade. Muitas ideias apocalípticas e escatológicas envolvem radical e frequentemente violenta disrupção ou destruição do mundo, rumo a uma nova e mais elevada realidade, existência, e nível de consciência. Isso também nos lembra dos chamados cultos e seitas do juízo final, que eram e são todos sobre prever desastres e o fim do mundo. Embora na maioria das vezes os transumanistas não possuam nenhuma relação com tais cultos e práticas religiosas, claramente a ideia de singularidade tecnológica guarda alguma semelhança com as narrativas apocalípticas, escatológicas e do juízo final.

Assim, ainda que o desenvolvimento da IA se baseie em uma ciência não ficcional e secularizada, e ainda que transumanistas geralmente se distanciem da religião e rejeitem qualquer sugestão de ficcionalidade em seus trabalhos, a ficção científica e as antigas ideias religiosas e filosóficas inevitavelmente possuem um papel quando discutimos o futuro da IA nesses termos.

## Como ir além de narrativas de competição e além da hipervalorização

Mas alguém pode perguntar: Há uma saída? Podemos ir além de narrativas de competição e encontrar maneiras mais imanentes de produzir sentido sobre o futuro da IA e de tecnologias similares? Ou o pensamento ocidental sobre a IA está condenado a permanecer refém desses medos e fascinações modernas e de suas antigas raízes? Podemos ir além da hipervalorização, ou a discussão vai permanecer focada na superinteligência? Acredito que temos saídas.

Podemos primeiro ir além da cultura ocidental para encontrar tipos de narrativas não frankensteinianas sobre a tecnologia e modos não platônicos de pensamento. Por exemplo, no Japão, onde a cultura tecnológica é ainda mais influenciada pela religião da natureza do que no Ocidente, em particular pela religião xintoísta, e onde a cultura popular tem retratado máquinas como colaboradoras, encontramos atitudes mais amigáveis para com os robôs e a IA. Lá, não encontramos o complexo de Frankenstein. O que às vezes é chamado de modo "animista" de pensamento implica que as inteligências artificiais também podem, em princípio, ter espírito ou alma, podendo ser experienciadas como sagradas. Isso significa que não há narrativa de competição – nem desejo platônico de transcender a materialidade e de constantemente defender o humano como estando acima e além da máquina, ou sendo fundamentalmente diferente da máquina. Ao que eu saiba, a cultura oriental também não possui ideias sobre um fim dos tempos. Em contraste com as religiões monoteístas, religiões da natureza têm um entendimento cíclico do tempo. Logo, olhar para além da cultura ocidental (ou ainda para a própria Antiguidade ocidental, na qual também podemos encontrar religiões da natureza) pode nos ajudar a avaliar criticamente as narrativas dominantes sobre o futuro da IA.

Em segundo lugar, para ir além da hipervalorização e não limitar a discussão ética na IA aos sonhos e pesadelos de um futuro distante, podemos: (1) utilizar a filosofia e a ciência para examinar de maneira crítica e discutir os pressupostos sobre a IA e os humanos que desempenham algum papel nesses cenários e discussões (por exemplo: Uma inteligência artificial geral é possível? Qual é a diferença entre humanos e máquinas? Qual é a relação entre os humanos e a tecnologia? Qual é o status moral da IA?); (2) olhar mais detalhadamente para o que é a IA existente e o que ela faz nas suas várias aplicações; (3) discutir problemas mais concretos e urgentes do ponto de vista ético-social levantados pelo modo como a IA é aplicada hoje; (4) investigar políticas sobre IA para o futuro próximo; e (5) questionar se o foco do discurso público atual na IA é benéfico tendo em vista os problemas por nós enfrentados e se a inteligência deve ser o nosso único foco. Seguiremos esses caminhos nos próximos capítulos.

# [3]
# Tudo sobre os humanos

## A IA geral é possível? Há diferenças fundamentais entre humanos e máquinas?

A visão transumanista do futuro tecnológico pressupõe que a inteligência artificial geral (ou IA forte) é possível. Mas será mesmo? Ou seja, podemos criar máquinas com capacidades cognitivas semelhantes às humanas? Se a resposta for *não*, então toda a visão de superinteligência é irrelevante para a ética de IA. Se a inteligência geral humana não é possível em máquinas, não precisamos nos preocupar com a superinteligência. De maneira mais ampla, nossa avaliação da IA parece depender do que pensamos que a IA seja e possa se tornar e de como pensamos sobre as diferenças entre humanos e máquinas. Pelo menos desde meados do século XX, filósofos e cientistas têm debatido o que os computadores são capazes de fazer e se tornar, bem como quais são as diferenças entre humanos e máquinas inteligentes. Vamos dar uma olhada em algumas dessas discussões, que tratam tanto sobre o que é e deveria ser o ser humano quanto sobre o que é e deveria ser a IA.

Os computadores podem ter inteligência, consciência e criatividade? Podem dar sentido às coisas e entender significados? Há uma história de críticas e ceticismo em torno da possibilidade de uma IA semelhante à inteligência humana. Em 1972, Hubert Dreyfus, um filósofo com formação em fenomenologia, publicou um livro chamado *What Computers Can't Do*[1] [O que os computadores não podem fazer].

---

1 Dreyfus foi influenciado por Edmund Husserl, Martin Heidegger e Maurice Merleau-Ponty.

Desde a década de 1960, Dreyfus foi muito crítico sobre a base filosófica da IA e questionou suas promessas: argumentou que o programa de pesquisa em IA estava fadado ao fracasso. Antes de se mudar para Berkeley, trabalhava no MIT, lugar importante para o desenvolvimento da IA, que na época se baseava principalmente na manipulação simbólica. Dreyfus argumentou que o cérebro não é um computador e que a mente não opera por meio de manipulação simbólica. Dispomos de um repertório inconsciente de saberes de senso comum baseado na experiência e no que Heidegger chamaria de nosso "ser-no-mundo". Esse conhecimento é tácito e não pode ser formalizado. A competência humana, argumentava Dreyfus, está baseada em *know-how* (saber como) e não em *know-that* (saber o quê). A IA não pode capturar esse significado e conhecimento de fundo; se é isso que a IA objetiva, então ela é basicamente alquimia e mitologia. Somente os seres humanos podem discernir o que é relevante porque, como seres corporificados e existenciais, estamos envolvidos no mundo e somos capazes de responder às demandas de cada situação.

Dreyfus encontrou muita oposição à época, porém mais tarde muitos pesquisadores de IA deixaram de prometer ou prever a IA geral. A pesquisa em IA se afastou da dependência da manipulação de símbolos, dirigindo-se para novos modelos, incluindo aprendizado de máquina com base em estatística. E, embora na época de Dreyfus ainda houvesse uma enorme lacuna entre a fenomenologia e a IA, hoje muitos pesquisadores de IA adotam abordagens corporificadas e situadas de ciência cognitiva, que afirmam estar mais próximas da fenomenologia.

Dito isso, as objeções de Dreyfus ainda são relevantes e mostram como as visões do ser humano muitas vezes se chocam com as visões de mundo científicas, especialmente, mas não apenas na chamada filosofia continental. Os filósofos europeus continentais costumam enfatizar que os seres humanos e sua mente são fundamentalmente diferentes das máquinas e se concentram na experiência (auto)consciente e na existência humana, que não podem e não devem ser reduzidas a descrições formais e explicações científicas. Outros filósofos, no entanto, muitas vezes da tradição analítica da filosofia, endossam uma visão do ser humano que serve de apoio aos pesquisadores de IA que pensam que o cérebro e a mente humanos *realmente são e funcionam* como seus modelos computacionais. Filósofos como Paul Churchland e Daniel Dennett são bons exemplos destes últimos. Churchland pensa que a ciência, em particular a biologia evolutiva, a neurociência e a IA, pode explicar a consciência humana. Ele acha que o cérebro é uma rede neural recorrente. Seu chamado materialismo eliminativo nega a existência de pensamentos e experiências imateriais. O que chamamos de pensamentos e experiências são apenas estados cerebrais. Dennett também nega a existência de qualquer coisa mais além do que acontece no corpo: ele pensa que nós mesmos somos "uma espécie de robô".[2] E, se o humano é basicamente uma máquina consciente, então tais máquinas são possíveis, e não apenas em princípio, mas de fato. Podemos tentar fazê-las.

---

2   Daniel C. Dennett, "Consciousness in Human and Robot Minds", in M. Ito, Y. Miyashita e E. T. Rolls (orgs.), *Cognition, Computation, and Consciousness*. New York: Oxford University Press, 1997, pp. 17-29.

Curiosamente, tanto os filósofos continentais quanto os analíticos argumentam contra um dualismo cartesiano que divide mente e corpo, mas por razões diferentes: os primeiros porque pensam que a existência humana se relaciona com o ser-no-mundo, em que mente e corpo não estão separados; e os últimos porque, por razões materialistas, pensam que a mente não é nada separada do corpo.

Mas nem todos os filósofos da tradição analítica pensam que a IA geral ou forte seja possível. De um ponto de vista wittgensteiniano tardio, pode-se argumentar que, embora um conjunto de regras possa descrever um fenômeno cognitivo, isso não implica que realmente tenhamos regras em nossa cabeça.[3] Tal como acontece com a crítica de Dreyfus, isso pelo menos problematiza um tipo de IA, a IA simbólica, se assumirmos que é assim que os humanos pensam. Outra crítica filosófica famosa da IA vem de John Searle, que argumenta contra a ideia de que programas de computador poderiam ter estados cognitivos genuínos ou entender significados.[4] O experimento mental que ele propõe, chamado de argumento do quarto chinês, é o seguinte: Searle está trancado num quarto e recebe escritos chineses, mas não sabe chinês. No entanto, ele pode responder a perguntas feitas a ele por falantes de chinês que estão fora da sala, porque usa um livro de regras que lhe permite produzir as respostas certas (*output*) com base nos documentos (*input*) que recebe. Ele pode

3 Konstantine Arkoudas, Selmer Bringsjord, "Philosophical Foundations", in K. Frankish, W. M. Ramsey (orgs.). *The Cambridge Handbook of Artificial Intelligence*. Cambridge: Cambridge University Press, 2014.
4 John R. Searle, "Minds, Brains, and Programs". *Behavioral and Brain Sciences*, v. 3, n. 3, pp. 417-57, 1980.

fazer isso com sucesso sem entender chinês. Da mesma forma, argumenta Searle, os programas de computador podem produzir uma saída a partir de uma entrada por meio de regras que lhes são dadas, sem entender o que fazem. Em termos filosóficos mais técnicos: os programas de computador não têm intencionalidade, e a compreensão genuína não pode ser gerada pela computação formal. Como Boden[5] coloca, a ideia é que o significado vem dos humanos.

Embora os programas computacionais de IA sejam hoje frequentemente diferentes daqueles criticados por Dreyfus e Searle, o debate continua. Muitos filósofos pensam que existem diferenças cruciais entre a forma de pensar dos humanos e a dos computadores. Por exemplo, hoje ainda se pode objetar que somos seres vivos criadores de significado, conscientes e corporificados, e cuja natureza, mente e conhecimento não podem ser explicados por comparações com máquinas. Note-se novamente, no entanto, que mesmo aqueles cientistas e filósofos que acreditam que, *em princípio*, há muita semelhança entre humanos e máquinas e que, *em teoria*, a IA geral é possível frequentemente rejeitam a visão de superinteligência de Bostrom e ideias similares que sustentam que estamos a um passo da IA semelhante à inteligência humana. Tanto Boden quanto Dennett pensam que, na prática, é muito difícil de alcançar a IA geral e, portanto, não é algo com o que devemos nos preocupar hoje.

No fundo da discussão sobre a IA estão, portanto, profundas divergências sobre a natureza do ser humano, sobre inte-

---

**5**  Margaret A. Boden, AI: *Its Nature and Future*. Oxford: Oxford University Press, 2016.

ligência humana, mente, compreensão, consciência, criatividade, significado, conhecimento humano, ciência e assim por diante. Se afinal se trata de uma "batalha", ela concerne tanto ao humano quanto à IA.

## Modernidade, (pós-)humanismo e pós-fenomenologia

Do ponto de vista mais amplo das humanidades, é interessante seguir contextualizando esses debates sobre a IA e o humano para mostrar o que está em jogo. Não são apenas sobre a tecnologia e o humano, mas refletem divisões profundas na modernidade. Deixe-me abordar brevemente três divisões que indiretamente moldam as discussões éticas sobre IA. A primeira é a divisão moderna entre o Iluminismo e o Romantismo. As outras são desenvolvimentos relativamente recentes: uma se dá entre humanismo e transumanismo, permanecendo dentro das tensões da modernidade, e a outra entre humanismo e pós-humanismo, que tenta ir além da modernidade.

Uma primeira maneira de dar sentido ao debate sobre a IA e o humano é considerar a tensão que existe na modernidade entre o *Iluminismo* e o *Romantismo*. Nos séculos XVIII e XIX, pensadores e cientistas iluministas desafiaram as visões religiosas tradicionais e argumentaram que a razão, o ceticismo e a ciência nos mostrariam como os seres humanos e o mundo realmente são, em oposição a como poderiam parecer, dadas as crenças não justificáveis por argumentos e não suportadas por evidências. Estavam otimistas sobre o que a ciência poderia fazer para beneficiar a humanidade. Em resposta, os românticos argumentaram que a razão abstrata e a ciência moderna haviam desencantado o mundo e que precisávamos trazer de volta o mistério e a maravilha que a ciência queria eliminar. Olhando para o debate sobre IA, parece que não avançamos muito desde então. O trabalho de Dennett sobre consciência e o trabalho de Boden sobre criatividade, por exemplo, visam desfazer a tensão, "quebrar o feitiço", como Dennett coloca. Esses pensadores são otimistas quanto à ciência poder desvendar o mistério da consciência, da criatividade e assim por diante. Reagem contra aqueles que resistem a tais esforços para desencantar o humano, como os filósofos continentais que trabalham na tradição do pós-modernismo e enfatizam o mistério do ser humano – em outras palavras: os novos românticos. "Quebrar o encanto ou manter-se preso aos mistérios do ser humano?" parece, então, uma questão central nas discussões sobre a IA geral e seu futuro.

Uma segunda tensão é entre *humanistas* e *transumanistas*. O que é "o humano" e o que o humano deve se tornar? É importante defender o humano como ele é, ou devemos rever nosso conceito? Os humanistas celebram o humano como ele é. Eticamente falando, enfatizam o valor intrínseco e superior dos seres humanos. No debate em torno da IA, traços de humanismo podem ser encontrados em argumentos que defendem os direitos humanos e a dignidade humana como base de uma ética na IA, ou no argumento da centralidade do ser humano e seus valores no desenvolvimento e no futuro da IA. Aqui o humanismo muitas vezes se une ao pensamento iluminista. Mas pode também assumir formas mais conservadoras ou românticas. O humanismo também pode ser encontrado na resistência ao projeto transumanista. Enquanto os transumanistas pensam que devemos avançar para um novo tipo de ser humano aprimorado por meio da ciência e da tecnologia, os humanistas defendem o humano como ele é e enfatizam seu valor e sua dignidade, que estariam ameaçados pela filosofia e ciência transumanistas. As reações defensivas contra as novas tecnologias têm sua própria história. Nas ciências humanas e sociais, a tecnologia tem sido frequentemente criticada por ameaçar a humanidade e a sociedade. Vários filósofos do século XX, por exemplo, eram muito pessimistas em relação à ciência e alertavam contra a tecnologia que dominava a sociedade. Mas agora a batalha não é apenas sobre vidas humanas e sociedade, trata-se do próprio humano: aprimorar ou não aprimorar, eis a questão. Por um lado, o próprio ser humano torna-se um projeto científico-tecnológico, aberto ao aperfeiçoamento. Uma vez que o encanto do humano é quebrado – por Darwin, pela neurociência e pela IA –, podemos prosseguir tornando-o melhor. A IA pode nos ajudar a melhorar o humano. Por outro lado, devemos abraçar o humano como ele é. E alguns podem dizer: o que o ser humano é sempre nos escapa; não pode ser completamente compreendido pela ciência.

Essas tensões continuam a dividir as mentes e os corações em torno do debate. Podemos ir além delas? Na prática, pode-se desistir do objetivo de criar uma IA semelhante à inteligência humana. Porém, mesmo assim permanecem divergências sobre o status das inteligências artificiais como *modelos de humanos* usados pela ciência da IA. Elas realmente nos ensinam algo sobre como os seres humanos pensam? Ou apenas nos ensinam algo sobre um tipo particular de pensamento, um pensamento que pode ser formalizado com a matemática, por exemplo, ou um pensamento que visa ao controle e à manipulação? Quanto podemos realmente aprender sobre o humano com essas tecnologias? A humanidade é mais do que a ciência pode compreender? Mesmo em discussões mais moderadas, afloram as lutas sobre a modernidade.

Para encontrar uma saída para esse impasse, podem-se seguir estudiosos das ciências humanas e sociais que, durante os últimos cinquenta anos, exploraram formas de pensar *não modernas*. Autores como Bruno Latour e Tim Ingold mostraram que podemos encontrar maneiras menos dualistas, mais não modernas de conceber o mundo, que vão além da oposição entre Iluminismo e Romantismo. Podemos então tentar ultrapassar a divisão moderna entre humanos e não humanos não por meio da ciência moderna ou do transumanismo, que à sua maneira também veem humanos e máquinas não como fundamentalmente opostos, mas pelo pensamento pós--humanista das (pós-)humanidades. Isso nos leva à terceira tensão: entre *humanismo* e *pós-humanismo*. Em oposição aos humanistas, acusados de terem praticado violência contra não humanos, como os animais, em nome do valor supremo do humano, os pós-humanistas questionam a centralidade do humano nas ontologias e nas éticas modernas. De acordo com eles, os não humanos também importam, e não devemos ter medo de cruzar fronteiras entre humanos e não humanos. Essa é uma direção interessante a ser explorada, pois nos leva além da narrativa da competição entre humanos e máquinas.

Pós-humanistas como Donna Haraway oferecem uma visão em que viver junto com máquinas, e até mesmo fundir--se com máquinas, é visto não mais como uma ameaça ou um pesadelo, como no humanismo, ou como sonho transumanista realizado, mas como uma forma pela qual fronteiras ontológicas e políticas entre humanos e não humanos podem e devem ser cruzadas. A IA pode então fazer parte não de um projeto transumanista, mas de um projeto pós-humanista crítico, que entra pelo lado das humanidades e das artes, e não da ciência. Cruzam-se fronteiras não em nome da ciência e do progresso universal, como alguns transumanistas do Iluminismo podem querer dizer, mas em nome de uma política e de uma ideologia pós-humanistas de cruzar fronteiras. E o pós-humanismo também pode oferecer algo mais relevante para a IA: pode nos levar a reconhecer que *os não humanos não precisam ser semelhantes a nós e não devem ser semelhantes a nós*. Apoiada por tal pós-humanismo, parece que a IA pode se libertar do fardo de imitar ou reconstruir o humano e pode explorar diferentes tipos não humanos de ser, de inteligência, de criatividade e assim por diante. A IA não precisa ser feita à nossa imagem. "Progresso" aqui significa ir além do humano e nos abrirmos ao não humano para aprender com ele. Além disso, tanto os transumanistas quanto os pós-humanistas podem concordar que, em vez de competir com uma IA por determinada tarefa, também poderíamos definir um objetivo comum, que é alcançado em colaboração com humanos e agentes artificiais, mobilizando o melhor que cada um pode oferecer para se aproximar desse objetivo comum.

Outra maneira de ir além da narrativa da competição, uma maneira que às vezes se aproxima do pós-humanismo, é uma abordagem em filosofia da tecnologia chamada *pós-fenomenologia*. Dreyfus baseia-se na fenomenologia, em particular na obra de Heidegger. Mas o pensamento pós-fenomenológico, iniciado pelo filósofo Don Ihde, vai além da fenomenologia da tecnologia *à la* Heidegger, concentrando-se em como os humanos se relacionam com tecnologias específicas e, em particular, com artefatos materiais. Essa abordagem, muitas vezes colaborando com estudos de ciência e tecnologia, nos lembra da dimensão material da IA. A IA às vezes é vista como tendo uma natureza meramente abstrata ou formal, não relacionada a artefatos e infraestruturas materiais específicas. Mas todas as formalizações, abstrações e manipulações simbólicas mencionadas anteriormente dependem de instrumentos e infraestruturas materiais. Por exemplo, como veremos no próximo capítulo, a IA contemporânea depende muito de redes e da produção de grandes quantidades de dados com dispositivos eletrônicos. Essas redes e dispositivos não são meramente "virtuais", mas devem ser materialmente produzidos e sustentados. Ademais, contra a moderna divisão sujeito-objeto, pós-fenomenólogos como Peter-Paul Verbeek falam sobre a constituição mútua de humanos e tecnologia, sujeito e objeto. Em vez de ver a tecnologia como uma ameaça, enfatizam que os humanos são tecnológicos (ou seja, sempre usamos tecnologia; é parte de nossa existência, e não algo externo que ameaça essa existência) e que a tecnologia deve naturalmente mediar nosso envolvimento com o mundo. Para a IA, essa visão parece implicar que a batalha humanista para defender o humano contra a tecnologia é mal direcionada. Em vez disso, segundo essa abordagem o ser humano sempre foi tecnológico e, portanto, devemos perguntar como a IA pode mediar a relação dos seres humanos com o mundo e tentar moldar ativamente essas mediações enquanto ainda podemos: podemos e devemos discutir a ética no estágio de desenvolvimento da IA em vez de reclamar dos problemas que ela causa depois.

Pode, entretanto, surgir a preocupação de que as visões pós-humanistas e pós-fenomenológicas não sejam críticas o suficiente, porque são muito otimistas e muito distantes da prática científica e de engenharia, portanto insuficientemente sensíveis aos perigos reais e às consequências éticas e sociais da IA. Atravessar fronteiras nunca antes cruzadas não é necessariamente algo isento de problemas e, na prática, essas ideias pós-humanistas e pós-fenomenológicas podem ser de pouca ajuda contra a dominação e a exploração que podemos enfrentar vindas de tecnologias como a IA. Pode-se também defender uma visão mais tradicional do humano ou clamar por um novo tipo de humanismo, em vez de pós-humanismo. Por isso, o debate continua.

# [4]
# Simplesmente máquinas?

# Questionando o status moral da IA: agência moral e suscetibilidade[1] moral

Um dos assuntos que surgiram no capítulo anterior foi se não humanos também são importantes. Hoje muitas pessoas acham que os animais importam, moralmente falando. Mas isso nem sempre foi assim. Aparentemente, estávamos errados sobre os animais no passado. Se muitos hoje acham que as IAS são apenas máquinas, estão cometendo erro similar? As IAS superinteligentes, por exemplo, mereceriam status moral? Deveriam ser-lhes concedidos direitos? Ou é uma ideia perigosa até mesmo pôr em questão se máquinas podem ter status moral?

Um modo de discutir o que uma IA é e o que ela pode se tornar é perguntar sobre o seu status moral. Nesse ponto tocamos questões filosóficas com relação à IA, não por meio da metafísica, da epistemologia, da história das ideias, mas pela filosofia moral. O termo *status moral* (também chamado de *posição moral*) pode se referir a dois tipos de questões. A primeira se ocupa do que a IA é capaz de fazer moralmente falando – em outras palavras, se ela pode ter o que os filósofos chamam de *agência moral*, e se, então, poderia ser um agente moral pleno. O que isso significa? Parece que as ações das IAS hoje já têm consequências morais. A maioria das pessoas concordará que a IA tem uma forma "fraca" de agência moral nesse sentido, o que é similar, por assim dizer, à maio-

---

1 O termo *moral patiency* foi traduzido por "suscetibilidade moral" para não ser confundido com a virtude da *paciência* em relação a questões morais. O sentido dado pelo autor é o da possibilidade ou ato de ser afetado moralmente. [N.T.]

ria dos carros de hoje: estes também podem ter consequências morais. Mas, considerando que a IA está se tornando mais inteligente e autônoma, pode vir a ter uma forma mais forte de agência moral? Ela deveria ganhar, ou desenvolver, alguma capacidade de raciocínio, julgamento ou decisão de caráter moral? Por exemplo, carros autônomos que usam IA podem ou deveriam ser considerados agentes morais? Essas questões são sobre ética na IA, no sentido de: *Que tipo de capacidades morais uma IA tem ou deve ter?* Mas questões sobre o "status moral" também podem se referir a como nós devemos tratar uma IA. A IA é "só uma máquina", ou ela merece alguma forma de consideração moral? Deveríamos tratá-la de modo diferente, por exemplo, de uma torradeira ou de uma máquina de lavar? Teríamos de conferir direitos a uma entidade artificial altamente inteligente, se tal entidade for algum dia desenvolvida, mesmo não sendo humana? Isso é o que filósofos chamam de questões relacionadas à *suscetibilidade moral*. Essa questão não é sobre a ética na IA ou por ela, mas sobre *nossa* ética *para com* a IA. Aqui, a IA é objeto de preocupação ética, em vez de um potencial agente ético em si.

## Agentes morais

Vamos começar com a questão da agência moral. Se uma IA fosse mais inteligente do que hoje é possível, podemos supor que ela seria capaz de desenvolver raciocínio moral e de aprender como seres humanos tomam decisões sobre problemas éticos. Mas seria isso suficiente para uma agência moral plena, isto é, para um agente moral como o ser humano? A questão não é inteiramente uma ficção científica.

Se hoje já delegamos algumas de nossas decisões a algoritmos, por exemplo, em carros ou tribunais, então parece que seria importante tais decisões serem moralmente robustas. Mas não está claro se máquinas podem ter as mesmas capacidades morais de humanos. É dada agência a elas no sentido de que fazem coisas no mundo e essas ações possuem consequências morais. Por exemplo, um carro autônomo está sujeito a causar um acidente, ou uma IA pode recomendar que determinada pessoa seja presa. Esses comportamentos e escolhas não são moralmente neutros: há evidentemente consequências morais para as pessoas envolvidas. Mas, para lidar com esse problema, deveríamos conceder agência moral às IAs? Elas podem ter agência moral plena?

Há várias posições filosóficas sobre essas questões. Alguns dizem que máquinas jamais poderão ser agentes morais. Máquinas, argumentam, não possuem capacidades necessárias para agência moral, tais como estados mentais, emoções ou livre arbítrio. Portanto, é perigoso supor que elas possam tomar decisões morais robustas, delegando totalmente tais decisões morais a elas. Por exemplo, Deborah Johnson[2] argumentou que sistemas computacionais não possuem agência moral por si sós: são produzidos e utilizados por seres humanos, e somente esses humanos possuem liberdade e são capazes de agir e decidir moralmente. Do mesmo modo, pode-se dizer que as IAs são construídas por seres humanos e que por isso a tomada de uma decisão moral em práticas tecnológicas deve ser executada por seres humanos. Do outro

---

2 Deborah G. Johnson, "Computer Systems: Moral Entities but not Moral Agents". *Ethics and Information Technology*, v. 8, n. 4, pp. 195-204, 2006.

lado do espectro estão os que pensam que as máquinas podem ser agentes morais plenos, assim como os seres humanos. Pesquisadores como Michael e Susan Anderson, por exemplo, alegam que, em princípio, é possível e desejável dar a máquinas um tipo humano de moralidade.[3] É possível dotar as IAs de princípios, e as máquinas chegariam a ser até melhores do que os seres humanos em raciocínio moral, pois elas são mais racionais e não se deixam levar por emoções. Contra essa posição, alguns têm argumentado que regras morais frequentemente entram em conflito (considere, por exemplo, as histórias de Asimov sobre robôs, nas quais as leis da robótica[4] sempre põem robôs e seres humanos em apuros) e que o projeto geral de construir "máquinas morais" dando a elas regras é baseado em suposições equivocadas sobre a natureza da moralidade. A moralidade não pode ser reduzida a seguir regras e não é integralmente uma questão de emoções humanas – embora estas últimas possam muito bem ser indispensáveis para julgamentos morais. Se uma IA geral é realmente possível, então não havemos de querer um tipo de "IA psicopata" que seja perfeitamente racional,

3 Michael Anderson e Susan Anderson, "General Introduction", in M. Anderson e S. Anderson (orgs.), *Machine Ethics*. Cambridge: Cambridge University Press, 2011, pp. 1-4.
4 As Três Leis da Robótica, imaginadas por Isaac Asimov, são as seguintes: 1) Um robô não pode ferir um ser humano ou, por inação, permitir que um ser humano sofra algum mal. 2) Um robô deve obedecer a ordens dadas por seres humanos, exceto nos casos em que tais ordens entrem em conflito com a Primeira Lei. 3) Um robô deve proteger sua própria existência desde que tal proteção não entre em conflito com a Primeira ou Segunda Leis. Asimov explorou a complexidade dessas leis em sua literatura, mostrando como são incompletas e paradoxais, levando robôs a conflitos éticos.

porém insensível às preocupações humanas porque é desprovida de emoções.[5]

Por essas razões, poderíamos rejeitar inteiramente a própria ideia de agência moral plena, ou então poderíamos tomar uma posição intermediária: oferecer à IA algum tipo de moralidade, mas não uma moralidade plena. Wendel Wallach e Collin Allen usam o termo "moralidade funcional".[6] Sistemas de IA precisam ter alguma capacidade de avaliar as consequências éticas de suas ações. A justificativa para essa decisão é evidente no caso dos carros autônomos: o carro provavelmente entrará em uma situação em que uma escolha moral tenha que ser feita, sem que haja tempo para a tomada de decisão ou intervenção humana. Algumas vezes essas escolhas tomam a forma de dilemas. Filósofos falam sobre os *dilemas do bonde*, nomeados por conta de um experimento mental em que um bonde desce disparado pelos trilhos e você deve escolher entre não fazer nada, o que matará cinco pessoas amarradas aos trilhos, ou acionar uma alavanca e desviar o curso do bonde para outro trilho, onde há uma só pessoa amarrada, mas ela é alguém que você conhece. Qual é a coisa moralmente certa a fazer? De forma análoga, os proponentes dessa abordagem argumentam que um carro autônomo pode ter de fazer uma escolha moral entre, por exemplo, matar pedestres atravessando a rua ou decidir ir em direção a uma parede, matando assim o motorista. O que o carro deve escolher? Parece que teremos de tomar essas decisões morais (de

5 M. Coeckelbergh, "Moral Appearances: Emotions, Robots, and Human Morality". *Ethics and Information Technology*, v. 12, n. 3, pp. 235-41, 2010.
6 Wendell Wallach e Colin Allen, *Moral Machines: Teaching Robots Right from Wrong*. Oxford: Oxford University Press, 2009, p. 39.

antemão) e garantir que os desenvolvedores as implementem nos carros. Ou talvez precisemos construir carros que aprendam com as escolhas humanas. Contudo, é possível questionar se oferecer regras às IAS é um bom modo de representar a moralidade humana; se a moralidade pode realmente ser representada e reproduzida; e se dilemas do bonde podem capturar algo que é central para a vida e experiência morais. Ou, a partir de uma perspectiva completamente diferente, cabe perguntar se seres humanos são de fato bons em realizar escolhas morais. E por que imitar a moralidade humana? Transumanistas, por exemplo, podem argumentar que as IAS terão uma moralidade superior porque serão mais inteligentes do que nós.

Esse questionamento com foco no humano nos leva a outra posição, que não requer agência moral plena e tenta sair da posição ética antropocêntrica. Luciano Floridi e J. W. Sanders[7] defenderam uma moralidade não mental, não baseada em propriedades humanas. Poderíamos fazer com que a agência moral dependesse de um nível suficiente de interatividade, autonomia e adaptatividade, e de ser capaz de uma ação moralmente qualificada. De acordo com esses critérios, um cão de busca e resgate é um agente moral, assim como um robô de busca com IA que filtra e-mails indesejados. Do mesmo modo, é possível aplicar critérios não antropocêntricos para a agência moral de robôs, como proposto por John Sullins:[8] se uma IA é autônoma com relação aos programadores e pode-

---

7  Luciano Floridi e J. W. Sanders, "On the Morality of Artificial Agents". *Minds and Machines*, v. 14, n. 3, pp. 349-79, 2004.
8  John Sullins, "When Is a Robot a Moral Agent?". *International Review of Information Ethics*, v. 6, pp. 23-30, 2006.

mos explicar seu comportamento atribuindo intenções morais a ela (como a intenção de fazer o bem ou de machucar), e se ela se comporta de um modo que mostra um entendimento de sua responsabilidade em relação a outros agentes morais, então essa IA é um agente moral. Assim sendo, tais visões não requerem uma agência moral plena, se isso significa agência moral humana, mas, pelo contrário, definem agência moral de um modo que é, em princípio, independente da agência moral humana plena e das capacidades humanas necessárias para tal. Contudo, seria tal agência moral artificial suficiente se julgada por padrões humanos? A preocupação prática é que, por exemplo, carros autônomos possam não ser morais o suficiente. Já a preocupação baseada em princípios é que nos distanciemos muito da moralidade humana. Muitas pessoas pensam que a agência moral está e deveria estar conectada à essência do humano e da personalidade. Elas não estão dispostas a endossar noções pós-humanistas ou transumanistas.

## Suscetibilidade moral

Outra controvérsia se refere à suscetibilidade moral em IA. Imagine que temos uma IA superinteligente. É moralmente aceitável desligá-la, "matá-la"? E, mais próximo à IA de hoje: é aceitável chutar um cachorro-robô construído com IA?[9] Se as IAS estão fadadas a ser parte da vida cotidiana, como vários pesquisadores predizem, então tais casos inevitavelmente

---

9 Um caso real disso foi o cão-robô Spot, que foi lançado por seus desenvolvedores para testar isso, algo que conseguiu respostas surpreendentemente empáticas. Cf. "Watch robot dog 'Spot' run, Walk... and get kicked". *On Demand News*, 11 fev. 2015.

surgirão e levantarão a questão de como nós, seres humanos, devemos lidar com esses entes artificiais. Novamente, não precisamos olhar para o futuro distante ou para a ficção científica. Pesquisas mostraram que, já nos dias atuais, pessoas criam empatia por robôs e hesitam em matá-los ou torturá-los,[10] mesmo que esses robôs não possuam IA. Seres humanos parecem exigir muito pouco de agentes artificiais para projetar sobre eles traços de pessoalidade ou humanidade e criar empatia por eles. Se esses agentes agora se tornam artificialmente inteligentes, o que potencialmente os torna mais parecidos com humanos (ou com animais), isso parece tornar a questão sobre a suscetibilidade moral ainda mais urgente. Por exemplo, como devemos reagir às pessoas que criam empatia por uma IA? Elas estão erradas?

Dizer que as IAs são apenas máquinas e que as pessoas quem têm empatia por elas estão simplesmente equivocadas em seus julgamentos, emoções e experiência moral é talvez a posição mais intuitiva. Em um primeiro momento, parece que não devemos nada às máquinas. Elas são coisas, não pessoas. Muitos pesquisadores de IA seguem essa linha de pensamento. Por exemplo, Joanna Bryson argumentou que robôs são ferramentas e posses e que não temos obrigações para com

---

10 Yutaka Suzuki et al., "Measuring Empathy for Human and Robot Hand Pain Using Electroencephalography". *Scientific Reports*, v. 5, n. 15.924, 2015; Kate Darling, Palash Nandy e Cynthia Breazeal, "Empathic Concern and the Effect of Stories in Human-Robot Interaction", in IEEE *International Symposium on Robot and Human Interactive Communication* (RO-MAN), 24. New York: IEEE, 2015, pp. 770-75.

eles.[11] Os que mantêm essa posição podem concordar que, se IAs fossem conscientes, tivessem estados mentais e assim por diante, deveríamos dar a elas status moral. Mas dirão que essa condição não é satisfeita atualmente. Como vimos nos capítulos anteriores, alguns argumentarão que isso não poderá jamais ser satisfeito; outros dirão que em princípio isso pode ser realizado, mas que não tão cedo. A conclusão sobre a questão do status moral é que hoje e em um futuro próximo as IAs serão tratadas como coisas até prova em contrário.

Um dos problemas com essa posição é, contudo, que isso não explica nem justifica as intuições e experiências morais que nos dizem haver *algo* de errado em "maltratar" uma IA, mesmo se a IA não tenha propriedades similares às humanas ou às dos animais, como consciência e senciência. Para encontrar tais justificativas, pode-se recorrer a Kant, que argumentou ser errado atirar em um cachorro, não porque atirar em um cachorro viole algum dever para com o cachorro, mas porque quem assim o faz "fere as qualidades amáveis e humanas de si mesmo, as quais deve exercitar em virtude de seus deveres para com a humanidade".[12] Hoje tendemos a pensar de maneira diferente sobre os cães (embora não todos, nem em todos os lugares). Mas parece que o argumento poderia ser aplicado às IAs: poderíamos dizer que não devemos nada a uma IA, mas, mesmo assim, não deveríamos chutar ou "torturar" a IA porque isso nos torna insensíveis com os pró-

11 Joanna Bryson, "Robots Should Be Slaves", in Yorick Wilks (org.), *Close Engagements with Artificial Companions: Key Social, Psychological, Ethical and Design Issues*. Amsterdam: John Benjamins, 2010, pp. 63-74.

12 Immanuel Kant, *Lectures on Ethics* [1930], Peter Heath e J. B. Schneewind (orgs.), trad. Peter Heath. Cambridge: Cambridge University Press, 1997.

prios seres humanos. Poderia ser usado o argumento da ética da virtude, que também é um argumento indireto, visto que concerne a seres humanos, e não a IAS: "maltratar" uma IA é errado não por conta do dano causado à IA, mas porque nosso caráter moral é prejudicado ao fazer isso. Isso não nos torna pessoas melhores. Contra essa abordagem poderíamos argumentar que no futuro algumas IAS podem vir a possuir valor intrínseco e merecer nossa preocupação moral, contanto que tenham propriedades como senciência. Uma abordagem pelo dever indireto ou virtude não parece levar a sério esse "outro" lado da relação moral. Ela se preocupa somente com os seres humanos. E as IAS? Mas, como perguntou David Gunkel,[13] IAS e robôs podem mesmo ser um outro? Novamente, o senso comum parece dizer: não, as IAS não têm as propriedades necessárias para isso.

Uma abordagem completamente diferente propõe que o modo pelo qual questionamos o status moral é problemático. O raciocínio moral mais comum sobre status moral é fundamentado nas propriedades morais relevantes que as entidades têm – por exemplo, consciência ou senciência. Mas como sabemos se uma IA possui certas propriedades morais relevantes ou não? Estamos seguros quanto a isso no caso de *seres humanos*? O cético diz que não. No entanto, mesmo sem essa certeza epistemológica ainda atribuímos status moral a seres humanos com base na aparência. Isso provavelmente aconteceria *se* no futuro as IAS tivessem aparência e comportamentos humanos. Parece que, independentemente do que

---

**13** David Gunkel, "The Other Question: Can and Should Robots Have Rights?". *Ethics and Information Technology*, n. 20, pp. 87-99, 2018.

seja considerado moralmente *correto* pelos filósofos, os seres humanos de qualquer modo atribuirão status moral a tais máquinas e, por exemplo, darão a elas direitos. Além do mais, se olharmos mais atentamente para como os seres humanos *realmente* atribuem status moral, vemos que, por exemplo, relações sociais existentes e linguagem têm um papel nisso. Vejamos. Se tratamos nosso gato bem, não é por conta do nosso envolvimento moral com o gato, mas porque já temos uma espécie de relação social com ele. Ele já é um animal de estimação e companheiro antes de realizarmos o trabalho filosófico de lhe atribuir um status moral – se é que sentiríamos um dia a necessidade de fazer tal exercício. E, se damos ao nosso cachorro um nome pessoal, então – em contraste com os animais sem nome que comemos – já conferimos a ele um status moral independente de suas propriedades. Utilizando uma abordagem relacional, crítica e não dogmática como essa,[14] poderíamos argumentar que, de maneira similar, o status das IAs será atribuído por seres humanos e dependerá de como elas estiverem inseridas em nossa vida social, na linguagem e na cultura humana.

Além disso, como tais condições variam historicamente – lembremo-nos de como tratávamos os animais e pensávamos sobre eles –, talvez alguma precaução moral seja necessária antes de "fixarmos" o status moral da IA em geral ou de uma IA em particular. E por que, aliás, falar de uma IA em geral ou de modo abstrato? Parece que há algo de errado com o procedimento moral de atribuir um status:

---

14 M. Coeckelbergh, *Growing Moral Relations: Critique of Moral Status Ascription*. New York: Palgrave Macmillan, 2012.

para julgá-lo, tiramos o ente de seu contexto relacional e, antes de termos o resultado de nosso procedimento moral, já o tratamos, de maneira bastante hierárquica, paternalista e hegemônica, como um ente sobre o qual nós, juízes humanos superiores, tomaremos decisões. Parece que, antes de realizarmos nosso raciocínio sobre o seu status moral de fato, já o posicionamos e talvez até já tenhamos cometido alguma violência, tratando-o como objeto de nossa tomada de decisão e nos colocando como deuses poderosos, centrais, oniscientes e dotados do direito de conferir status moral a outros entes sobre a Terra. Nós também já tornamos invisíveis todas as condições e contextos situacionais e sociais. Como no dilema do bonde, reduzimos a ética a uma caricatura. Com tal raciocínio, filósofos morais parecem fazer o que filósofos dreyfusianos acusaram os pesquisadores da IA simbólica de fazer: formalizar e abstrair a riqueza da experiência e conhecimento morais com o ônus de deixar de lado o que nos faz humanos e – adicionalmente – com o risco de dar por resolvida a questão mesma do status moral dos não humanos. Independentemente de qual "é", de fato, o status moral das IAS – como se isso pudesse ser definido de maneira totalmente apartada da subjetividade humana –, é válido examinar de forma crítica nossa própria atitude moral e o projeto em si de um raciocínio moral abstrato.

## Rumo a questões éticas mais práticas

Como mostram as discussões deste capítulo e dos anteriores, pensar sobre a IA não nos ensina apenas coisas sobre a IA. Também nos ensina algo sobre nós mesmos: sobre como pensamos e como nos relacionamos e deveríamos nos relacionar com não humanos. Se olharmos para os fundamentos filosóficos da ética na IA, observaremos desacordos profundos sobre a natureza e o futuro da humanidade, da ciência e da modernidade. Questionar a IA abre um abismo de questões críticas sobre o conhecimento humano, a sociedade humana e a natureza da moralidade humana.

Essas discussões filosóficas são menos inverossímeis e menos "acadêmicas" do que se possa imaginar. Continuarão vindo à tona quando, mais adiante neste livro, considerarmos questões éticas, legais e políticas mais concretas levantadas pela IA. Se tentarmos atacar tópicos como responsabilidade e carros autônomos, a transparência da aprendizagem de máquina, IA com vieses ou a ética relacionada a robôs sexuais, rapidamente nos defrontaremos com elas novamente. Se a ética na IA quiser ser mais do que uma lista de pendências, também deve ter algo a dizer sobre tais questões.

Dito isso, agora é hora de lidarmos com assuntos mais práticos. Eles não estão relacionados nem com problemas filosóficos levantados pela hipótese de uma inteligência artificial geral, nem com os riscos de uma superinteligência em um futuro distante, ou outros monstros espetaculares da ficção científica. Concernem às menos visíveis e quem sabe menos atraentes, mas ainda muito importantes, realidades das IAs que já estão em operação. A IA em funcionamento nos tempos atuais não tem o papel de um monstro de Frankenstein ou dos espetaculares robôs inteligentes que ameaçam a civilização, mas é mais do que um experimento de pensamento filosófico. A IA tem a ver com as tecnologias menos visíveis, subjacentes, porém pervasivas, poderosas, e cada vez mais inteligentes que já moldam nossa vida hoje. A ética na IA está, portanto, relacionada aos desafios éticos colocados pela IA atual e do futuro próximo, bem como a seus impactos em nossas sociedades e democracias vulneráveis. A ética na IA diz respeito à vida das pessoas e à política. Trata da nossa necessidade, como pessoas e como sociedade, de lidar com as questões éticas *agora*.

# [5]
# A tecnologia

Antes de discutir de modo mais concreto e detalhado os problemas éticos da IA, temos mais uma tarefa a realizar para limpar o terreno: superada a euforia, precisamos de um melhor entendimento da tecnologia e de suas aplicações. Deixando de lado a ficção científica transumanista e a especulação filosófica sobre a IA geral, vamos dar uma olhada no que é e no que faz a tecnologia de IA atualmente. Como as definições de IA e outros termos são objeto de disputas, não vou me aprofundar muito nas discussões filosóficas ou na contextualização histórica. Aqui meu objetivo principal é dar ao leitor uma ideia da tecnologia em questão e de como ela é usada. Começo dizendo algo sobre IA em geral: o próximo capítulo se concentra em aprendizado de máquina e em ciência de dados e suas aplicações.

## O que é inteligência artificial?

A IA pode ser definida como inteligência exibida ou simulada por código (algoritmos) ou máquinas. Essa definição de IA levanta a questão de como definir a inteligência. Filosoficamente falando, é um conceito vago. Uma comparação óbvia é a inteligência de tipo humano. Por exemplo, Philip Jansen e colaboradores definem IA como "a ciência e a engenharia de máquinas com capacidades que são consideradas inteligentes pelo padrão de inteligência humana".[1] Nessa visão, a IA diz respeito à criação de máquinas inteligentes que pensam ou (re)agem como seres humanos. No entanto, muitos pesqui-

---

1 Philip Jansen et al., "State-of-the-ArtReview". Submetido à Comissão Europeia em 13 abr. 2018. Relatório para o Projeto SIENNA, um programa de pesquisa e inovação da UE H2020 sob o acordo de concessão n. 741.716, 2018, p. 5.

sadores da IA consideram que a inteligência não precisa ser semelhante à humana e preferem uma definição mais neutra, que seja formulada em termos independentes da inteligência humana e dos objetivos associados à IA geral ou forte. Enumeram todos os tipos de funções e tarefas cognitivas, como aprendizado, percepção, planejamento, processamento de linguagem natural, raciocínio, tomada de decisão e resolução de problemas – o último também frequentemente equiparado à inteligência em si. Por exemplo, Margaret Boden afirma que a IA "procura fazer os computadores realizarem o tipo de coisas que mentes podem fazer". À primeira vista, isso faz parecer que os seres humanos são o único modelo. No entanto, ela então enumera todos os tipos de habilidades psicológicas, como percepção, previsão e planejamento, que fazem parte do "espaço ricamente estruturado de diversas capacidades de processamento de informações".[2] E esse processamento de informações não precisa ser um assunto exclusivamente humano. A inteligência geral, de acordo com Boden, não precisa ser humana. Alguns animais também podem ser considerados inteligentes. E os transumanistas sonham com mentes futuras que não estão mais biologicamente incorporadas. Dito isso, o objetivo de alcançar capacidades semelhantes às humanas e, possivelmente, inteligência geral semelhante à humana fez parte da IA desde o início.

A história da IA está intimamente ligada à da ciência da computação e disciplinas relacionadas, como matemática e filosofia, e, portanto, remonta pelo menos ao começo dos

---

2  Margaret A. Boden, AI: *Its Nature and Future*. Oxford: Oxford University Press, 2016, p. 1.

tempos modernos (Gottfried Wilhelm Leibniz e René Descartes, por exemplo), ou mesmo aos tempos antigos, com suas histórias sobre artesãos criando seres artificiais e engenhosos artefatos mecânicos que poderiam enganar as pessoas (pense em figuras animadas na Grécia antiga ou figuras mecânicas em forma humana na antiga China). Mas, como uma disciplina por si só, a IA é geralmente vista como tendo começado na década de 1950, após a invenção do computador digital programável na década de 1940 e do nascimento da disciplina da cibernética, definida por Norbert Wiener em 1948 como o estudo científico do "controle e comunicação no animal e na máquina".[3] Um momento importante para a história da IA foi a publicação na revista *Mind*, em 1950, do artigo de Alan Turing "Computing Machinery and Intelligence", que introduziu o famoso teste de Turing, mas que tratava mais amplamente da questão de saber se as máquinas podem pensar e já especulava sobre se as máquinas poderiam aprender e executar tarefas abstratas. Mas o *workshop* de Dartmouth, que ocorreu no verão de 1956 em Hanover, New Hampshire, é considerado o berço da IA contemporânea. Seu organizador John McCarthy cunhou o termo IA, e entre os participantes incluíam-se nomes como Marvin Minsky, Claude Shannon, Allen Newell e Herbert Simon. Enquanto a cibernética era percebida como muito ocupada com máquinas analógicas, a IA de Dartmouth abraçou as máquinas digitais. A ideia era *simular* a inteligência humana (o que não significa recriar: o processo não é o mesmo que nos humanos). Muitos partici-

---

**3** Norbert Wiener, *Cybernetics: Or Control and Communication in the Animal and the Machine* [1948]. Cambridge: MIT, 1961.

pantes acreditaram que uma máquina tão inteligente quanto um ser humano estaria muito próxima: esperavam que não demorasse mais do que uma geração.

Este é o objetivo da IA *forte*. A IA *forte* ou *geral* é capaz de levar a termo qualquer tarefa cognitiva que os humanos possam realizar, enquanto a IA *fraca* ou *restrita* só pode operar em domínios específicos, como xadrez, classificação de imagens e assim por diante. Até hoje, não alcançamos a IA geral e, como vimos nos capítulos anteriores, é discutível se algum dia o faremos. Embora alguns pesquisadores e empresas estejam tentando desenvolvê-la, especialmente aqueles que acreditam na teoria computacional da mente, a IA geral não está no horizonte. Portanto, as questões de ética e política no próximo capítulo se concentram na IA fraca ou restrita, que já temos hoje e que provavelmente se tornará mais poderosa e pervasiva no futuro próximo.

A IA pode ser definida tanto como uma *ciência* quanto como uma *tecnologia*. Seu objetivo pode ser alcançar uma melhor explicação científica da inteligência e das funções cognitivas mencionadas. Pode nos ajudar a entender melhor os seres humanos e outros seres que possuem inteligência natural. Dessa forma, é uma ciência e uma disciplina que estuda sistematicamente o fenômeno da inteligência[4] e às vezes a mente ou o cérebro. Como tal, a IA está ligada a outras ciências, como a ciência cognitiva, a psicologia, a ciência de dados (veja adiante) e, às vezes, também a neurociência, que faz suas próprias afirmações sobre a compreensão da inteligência natural. Mas a IA também pode ter como objetivo desenvolver tecnolo-

---

**4** Philip Jansen et al., "State-of-the-ArtReview", op. cit.

gias para diversos propósitos práticos, "para fazer coisas úteis", como Boden coloca: pode assumir a forma de ferramentas, projetadas por seres humanos, que criam a aparência de inteligência e comportamento inteligente para propósitos práticos. As inteligências artificiais podem fazer isso analisando o ambiente (na forma de dados) e agindo com um significativo grau de autonomia. Às vezes, interesses teórico-científicos e propósitos tecnológicos se encontram, por exemplo, na neurociência computacional, que usa ferramentas da ciência da computação para entender o sistema nervoso, ou em projetos particulares, como a iniciativa europeia "Human Brain Project", que envolve neurociência, mas também robótica e IA. Alguns de seus projetos combinam neurociência e aprendizado de máquina na chamada neurociência de Big Data.[5]

De maneira mais geral, a IA depende e se relaciona com muitas disciplinas, incluindo matemática (por exemplo, estatística), engenharia, linguística, ciência cognitiva, ciência da computação, psicologia e até filosofia. Como vimos, tanto filósofos quanto pesquisadores de IA estão interessados em entender a mente e fenômenos como inteligência, consciência, percepção, ação e criatividade. A IA influenciou a filosofia e vice-versa. Keith Frankish e William Ramsey reconhecem esse vínculo com a filosofia, enfatizam a interdisciplinaridade da IA e combinam os aspectos científicos e tecnológicos em sua definição de IA como "uma abordagem interdisciplinar para entender, modelar e replicar inteligência e processos cognitivos, invocando vários princípios e dispositivos compu-

---

5 Por exemplo, Mai-Anh Vu et al. "A Shared Vision for Machine Learning in Neuroscience". *Journal of Neuroscience*, v. 38, n. 7, pp. 1.601-07, 2018.

tacionais, matemáticos, lógicos, mecânicos e até biológicos".[6]
A IA é, portanto, tanto teórica quanto pragmática, tanto ciência quanto tecnologia. Este livro se concentra na IA como tecnologia, no aspecto mais pragmático: não apenas porque dentro da IA o foco mudou nessa direção, mas especialmente porque é principalmente dessa forma que a IA tem consequências éticas e sociais – embora a pesquisa científica também não seja totalmente neutra em termos éticos.

Como tecnologia, a IA pode assumir várias formas e geralmente faz parte de sistemas tecnológicos mais amplos: algoritmos, máquinas, robôs e assim por diante. Desse modo, ainda que a IA possa ter a ver com "máquinas", esse termo não se refere apenas a robôs, muito menos apenas a robôs humanoides. A IA pode ser incorporada em muitos outros tipos de sistemas e dispositivos tecnológicos. Os sistemas de IA podem assumir a forma de software executado na web (por exemplo, *chatbots*, mecanismos de busca, análise de imagens), mas a IA também pode ser incorporada em dispositivos de hardware, como robôs, carros ou aplicativos de "Internet das Coisas".[7] Para a Internet das Coisas, o termo "sistemas ciberfísicos" às vezes é usado: dispositivos que funcionam no mundo físico e interagem com ele. Os robôs são um tipo de sistema ciberfísico que exerce influência direta no mundo.[8]

6 Keith Frankish e William M. Ramsey, "Introduction", in K. Frankish, W. M. Ramsey (orgs.), *The Cambridge Handbook of Artificial Intelligence*. Cambridge: Cambridge University Press, 2014, p. 1.

7 Ver, por exemplo, a definição de IA da Comissão Europeia de Especialistas de Alto Nível.

8 Patrick Lin, Keith Abney e George Bekey, "Robot Ethics: Mapping the Issues for a Mechanized World". *Artificial Intelligence*, n. 175, pp. 942-49, 2011.

Se a IA estiver incorporada em um robô, às vezes também é chamada de IA *incorporada*. Ao exercer influência direta no mundo físico, a robótica é muito dependente de componentes físicos. Mas toda IA, incluindo o software ativo na web, "faz" algo e também tem aspectos materiais, tais como o computador no qual é executada, os aspectos materiais da rede e da infraestrutura da qual depende e assim por diante. Isso torna problemática a distinção entre, por um lado, aplicativos "virtuais" baseados na web e "software" e, por outro lado, aplicativos físicos ou "hardware". O software de IA precisa de hardware e infraestrutura física para ser executado, e os sistemas ciberfísicos são "IA" apenas se estiverem conectados ao software relevante. Além disso, fenomenologicamente falando, hardware e software às vezes se fundem em nossa experiência e uso de dispositivos: não experimentamos um robô humanoide interativo alimentado por IA ou um dispositivo de conversação de IA tal como a Alexa como se fosse software ou hardware, mas como um dispositivo tecnológico (e, às vezes, como uma quase pessoa, vide o caso da boneca Hello Barbie).

A IA provavelmente terá uma influência significativa na robótica, por exemplo, por meio do progresso no processamento de linguagem natural e na comunicação mais semelhante à humana. Muitas vezes, esses robôs são chamados de "robôs sociais" porque se destinam a participar da vida social diária dos seres humanos, como acompanhantes ou assistentes, por exemplo, interagindo com humanos de maneira natural. A IA pode, assim, promover novos desenvolvimentos na robótica social.

No entanto, independentemente da aparência e do comportamento do sistema como um todo e de sua influência em seu ambiente, que é muito importante fenomenológica e eticamente falando, a base da "inteligência" de uma IA é o software: um *algoritmo* ou uma combinação de algoritmos. Um algoritmo é um conjunto e uma sequência de instruções, como uma receita, que diz o que fazer ao computador, smartphone, máquina, robô ou qualquer coisa a que esteja incorporado. Gera uma saída (*output*) específica com base nas informações disponíveis (*input*). É aplicado para resolver um problema. Para entender a ética na IA, precisamos entender como os algoritmos de IA funcionam e o que eles fazem. Falarei mais sobre isso neste e no próximo capítulo.

## Diferentes abordagens e subcampos

Existem diferentes tipos de IA. Pode-se dizer também que existem diferentes *abordagens* ou *paradigmas de pesquisa*. Como vimos na crítica de Dreyfus, a IA era historicamente e com frequência uma IA *simbólica*. Este foi o paradigma dominante até o final da década de 1980. A IA simbólica se baseia em representações simbólicas de tarefas cognitivas superiores, como raciocínio abstrato e tomada de decisão. Por exemplo, pode tomar decisões com base em uma árvore de decisão – um modelo de decisões e suas possíveis consequências, muitas vezes representado graficamente como um fluxograma. Um algoritmo que faz isso contém declarações condicionais: regras de decisão na forma de *se* ... (condições) ... *então* ... (resultado). O processo é determinístico. Com base em um banco de dados que representa o conhecimento especializado humano, tal IA pode raciocinar por meio de muitas informações e agir como um *sistema especialista*. Ela pode tomar decisões ou fazer recomendações especializadas com base em um extenso corpo de conhecimento, que pode ser difícil ou impossível para os humanos lerem. Sistemas especialistas são usados, por exemplo, no setor médico para diagnóstico e planejamento de tratamento. Por muito tempo eles foram o software de IA de maior sucesso.

Hoje a IA simbólica ainda é útil, mas também surgiram novos tipos de IA, que podem ou não ser combinadas com a IA simbólica e que, em contraste com os sistemas especialistas, são capazes de aprender de forma autônoma a partir dos dados. Isso é obtido por meio de uma abordagem totalmente diferente. O paradigma de pesquisa do *conexionismo* – que foi desenvolvido na década de 1980 como uma alternativa ao que veio a ser chamado de Boa e Velha Inteligência Artificial (GOFAI, do inglês *Good Old-Fashioned Artificial Intelligence*) – e a tecnologia das *redes neurais* baseiam-se na ideia de que, em vez de representar funções cognitivas superiores, precisamos construir redes interconectadas com base em unidades simples. Os proponentes afirmam que isso é semelhante ao funcionamento do cérebro humano: a cognição emerge de interações entre unidades de processamento simples, chamadas "neurônios" (que, no entanto, não são como neurônios biológicos). Muitos neurônios interconectados são usados. Essa perspectiva e essa tecnologia são frequentemente usadas por e para *aprendizado de máquina* (veja próximo capítulo), que é chamado de *aprendizado profundo* se as redes neurais tiverem várias camadas de neurônios. Alguns sistemas são híbridos; por exemplo, o AlphaGo, da DeepMind, é um sistema híbrido. O aprendizado profundo permitiu o progresso em campos como visão de máquina e processamento de linguagem natural. O aprendizado de máquina que usa uma rede neural pode ser uma "caixa preta" no sentido de que, embora os programadores conheçam a arquitetura da rede, não fica claro aos outros o que acontece precisamente em suas camadas intermediárias (entre o *input* e o *output*) e, portanto, como se chega a uma decisão. Isso contrasta com as árvores de decisão, que são transparentes e interpretáveis e, portanto, podem ser verificadas e avaliadas por seres humanos.

Outro paradigma importante na IA é aquele que usa abordagens mais corporificadas e situacionais, focando em tarefas motoras e interação, em vez das chamadas tarefas cognitivas superiores. Os robôs construídos por pesquisadores de IA, como Rodney Brooks, do MIT, não resolvem problemas usando representações simbólicas, mas interagindo com o ambiente ao redor. Por exemplo, o robô humanoide Cog, de Brooks, desenvolvido na década de 1990, foi construído para aprender interagindo com o mundo – como os bebês fazem. Além disso, algumas pessoas acreditam que a mente só pode surgir da vida; assim, para criar IA, precisamos tentar criar vida artificial. Alguns engenheiros adotam uma abordagem menos metafísica e mais prática: tomam a biologia como um modelo para desenvolver aplicações práticas de tecnologia. Existem também inteligências artificiais evolutivas, que podem evoluir. Alguns programas, usando os chamados algoritmos genéticos, podem até modificar a si mesmos.

Essa diversidade de abordagens e funções da IA também implica que hoje a IA tenha vários *subcampos*: aprendizado de máquina, visão computacional, processamento de linguagem natural, sistemas especialistas, computação evolutiva e assim por diante. Hoje, o foco geralmente está no aprendizado de máquina, mas essa é apenas uma área da IA, mesmo que essas outras áreas estejam frequentemente conectadas ao aprendizado de máquina. Recentemente, houve muito progresso em visão computacional, processamento de linguagem natural e análise de Big Data por meio do aprendizado de máquina. Por exemplo, o aprendizado de máquina pode ser usado para processamento de linguagem natural com base na análise de fontes orais e escritas, como textos encontrados na internet. Esse trabalho deu origem aos assistentes conversacionais de hoje. Outro exemplo é o reconhecimento facial baseado em visão computacional e aprendizado profundo, que pode ser usado, por exemplo, para vigilância.

## Aplicações e impacto

A tecnologia de IA pode ser aplicada em vários domínios, desde manufatura industrial, agricultura e transporte até assistência médica, marketing, finanças, sexo e entretenimento, educação e mídia social. No varejo e no marketing, sistemas de recomendação são usados para influenciar as decisões de compra e oferecer publicidade direcionada. Nas mídias sociais, a IA pode acionar robôs: contas de usuários que parecem ser pessoas reais, mas na verdade são software. Esses robôs podem postar conteúdo político ou conversar com usuários humanos. Na área da saúde, a IA é usada para analisar dados de milhões de pacientes. Sistemas especialistas ainda são usados nessa área. Em finanças, a IA é usada para analisar bancos de Big Data para análise de mercado e automatizar negociações. Robôs acompanhantes geralmente incluem alguma IA. Pilotos automáticos e carros autônomos usam IA. Os empregadores podem usar a IA para monitorar os funcionários. Os videogames têm personagens alimentados por IA. Inteligências artificiais podem compor música ou escrever artigos de notícias. Podem também imitar vozes de pessoas e até criar vídeos falsos de discursos falados.

Dadas suas inúmeras aplicações, a IA provavelmente terá um impacto generalizado, agora e no futuro próximo. Considere o policiamento preditivo e o reconhecimento de fala, que criam novas possibilidades para segurança e vigilância; também serviços de transporte ponto a ponto e carros autônomos, que podem transformar cidades inteiras; e ainda a negociação algorítmica de alta frequência, que já molda os mercados financeiros; ou aplicações de diagnóstico na área médica, que influenciam a tomada de decisão dos especialistas. Também não devemos esquecer a ciência como um dos principais campos impactados pela IA: por meio da análise de grandes conjuntos de dados (Big Data), a IA pode ajudar os cientistas a descobrir conexões que, de outra forma, ignorariam. Isso é aplicável a ciências naturais como a física, mas também às ciências sociais e às humanidades. A IA certamente afetará o campo emergente das humanidades digitais, por exemplo, ensinando-nos mais coisas sobre os seres humanos e as sociedades humanas.

A IA também tem impacto nas relações sociais e, mais amplamente, tem influência social, econômica e ambiental.[9] A IA provavelmente moldará as interações humanas e afetará a privacidade. Diz-se que aumenta potencialmente o preconceito e a discriminação. Prevê-se que levará à perda

---

**9** Philip Jansen et al., "State-of-the-ArtReview", op. cit.

de empregos e talvez transforme toda a economia. Poderia aumentar a distância entre ricos e pobres, bem como entre poderosos e indefesos, acelerando assim a injustiça e a desigualdade. As aplicações militares podem mudar a forma de conduzir as guerras, por exemplo, quando são usadas armas letais automatizadas. Devemos também ter em conta o impacto ambiental, que inclui o aumento do consumo de energia e da poluição. Mais adiante, discutirei algumas das implicações éticas e sociais com mais detalhes, focando nos problemas e riscos da IA. Mas a IA provavelmente também terá efeitos positivos; por exemplo, ela pode criar novas comunidades por meio de mídias sociais, reduzir tarefas repetitivas e perigosas mediante robôs que as executem, melhorar as cadeias de suprimentos, reduzir o uso de água e assim por diante.

Quanto aos impactos – positivos ou negativos –, não devemos apenas questionar sua natureza e extensão; também é importante perguntar *quem* é afetado e de que forma. Um impacto específico pode ser mais positivo para alguns do que para outros. Existem muitas partes interessadas, desde trabalhadores, pacientes e consumidores até governos, investidores e empresas, que podem todos ser afetados de maneira diferente. E essas diferenças nos ganhos e na vulnerabilidade aos impactos da IA surgem não apenas dentro dos países, mas também entre países e partes do mundo. A IA beneficiará principalmente países altamente avançados e desenvolvidos? Poderia também beneficiar pessoas menos instruídas e de baixa renda, por exemplo? Quem terá acesso à tecnologia e poderá colher seus benefícios? Quem conseguirá se capacitar usando IA? Quem será excluído dessas recompensas?

A IA não é a única tecnologia digital que levanta tais questões. Outras *tecnologias digitais de informação e comunicação* também têm um enorme impacto em nossa vida e nas sociedades. Como veremos, alguns problemas éticos com a IA não são específicos dela. Por exemplo, existem paralelos com outras tecnologias de automação. Considere os robôs industriais que são programados e não são considerados IA, mas que, no entanto, acarretam consequências sociais quando levam ao desemprego. Não só isso, alguns dos problemas da IA estão relacionados às tecnologias com as quais ela está conectada, como mídias sociais e internet, que, quando combinadas com a IA, nos apresentam novos desafios. É o caso de quando plataformas de mídia social como o Facebook usam IA para saber mais sobre seus usuários, gerando preocupações com a privacidade.

Essa ligação com outras tecnologias também significa que muitas vezes a IA não é visível. Isso é assim em primeiro lugar porque já se tornou uma parte arraigada de nossa vida cotidiana. A IA é frequentemente usada para aplicativos novos e espetaculares, como o AlphaGo. Mas não devemos nos esquecer da IA que *já* alimenta plataformas de mídia social, mecanismos de busca e outras mídias e tecnologias que se tornaram parte de nossa experiência cotidiana. A IA está em todo lugar. A linha entre a IA propriamente dita e outras formas de tecnologia pode ser confusa, tornando a IA invisível: se os sistemas de IA estão incorporados à tecnologia, tendemos a não os notar.

E, se sabemos que há IA envolvida, é difícil dizer se é a IA que cria o problema ou o impacto, ou se é a outra tecnologia conectada à IA. Em certo sentido, não há "IA" em si: a IA sempre depende de outras tecnologias e está inserida em práticas e procedimentos científicos e tecnológicos mais amplos. Embora ela também levante seus próprios problemas éticos específicos, qualquer "ética da IA" precisa estar conectada à ética mais geral das tecnologias de informação e comunicação digital, ética computacional e assim por diante.

Outro sentido em que não existe IA por si mesma é que a tecnologia é sempre também social e humana: IA não é apenas sobre tecnologia, mas também sobre o que os seres humanos fazem com ela, como a usam, como a percebem e a experimentam, e como a incorporam em ambientes sociotécnicos mais amplos. Isso é importante para a ética – que também diz respeito às decisões humanas – e também significa que ela precisa incluir uma perspectiva histórica e sociocultural. A atual euforia que a IA produz na mídia não é a primeira que uma tecnologia avançada provoca. Antes da IA, "robôs" ou "máquinas" eram as palavras-chave. Outras tecnologias avançadas, como tecnologia nuclear, nanotecnologia, internet e biotecnologia, também geraram muito debate. Vale a pena manter isso em mente para nossas discussões sobre ética em IA, pois talvez possamos aprender algo com essas controvérsias. O uso e o desenvolvimento de tecnologia ocorrem em um contexto social. Como sabem aqueles que trabalham com avaliação de tecnologia, quando a tecnologia é nova tende a ser altamente controversa, mas, uma vez que se torna incorporada na vida cotidiana, a euforia e a controvérsia diminuem significativamente. E é provável que isso também aconteça com a IA. Embora essa previsão não seja uma boa razão para abandonar a tarefa de avaliar os aspectos éticos e as consequências sociais da IA, ela nos ajuda a ver a IA em contexto e, portanto, a entendê-la melhor.

# [6]
# Não se esqueça da ciência de dados

## Aprendizado de máquina

Uma vez que muitas questões éticas sobre IA dizem respeito a tecnologias que são total ou parcialmente baseadas no aprendizado de máquinas e na ciência de dados a ele relacionada, vale a pena analisar com mais detalhes essa tecnologia e essa ciência. *Aprendizado de máquina* refere-se a programas que podem "aprender". O termo é controverso: alguns dizem que o que se dá não é realmente aprendizado, pois não há real cognição; só seres humanos podem aprender. De todo modo, o aprendizado de máquina moderno tem "pouca ou nenhuma semelhança com o que plausivelmente pode ocorrer na cabeça humana".[1] Aprendizado de máquina é fundamentado em estatística: é um processo estatístico. Pode ser usado para várias tarefas, mas a tarefa subjacente é, em geral, o reconhecimento de padrões. Algoritmos podem identificar padrões ou regras em dados e usar esses padrões para explicar os dados e realizar previsões sobre dados futuros.

Isso é realizado autonomamente no sentido de acontecer sem instruções diretas nem regras dadas pelo programador. Em contraste com os sistemas especialistas, que confiam em especialistas humanos no assunto para explicar as regras aos programadores, que em seguida as codificam, o algoritmo de aprendizado de máquina encontra regras ou padrões que o programador não especificou. Somente a tarefa ou objetivo é fornecido. O programa pode adaptar seu comportamento para corresponder melhor aos requisitos da tarefa. Por exemplo,

---

1 Margaret A. Boden, AI: *Its Nature and Future*. Oxford: Oxford University Press, 2016, p. 46.

aprendizagem de máquina pode ajudar a distinguir um *spam* de um e-mail importante percorrendo um grande número de mensagens e aprendendo o que é considerado *spam*. Outro exemplo: para construir um algoritmo que reconhece imagens de gatos, os programadores não fornecem um conjunto de regras que definam para o computador o que são gatos, mas, em vez disso, o algoritmo constrói seu próprio modelo de imagens de gato. Ele será otimizado para alcançar a mais alta precisão de previsão em um conjunto de imagens de gatos e não gatos. Visa, assim, aprender o que são imagens de gato. Seres humanos fornecem retornos para a máquina sobre seu desempenho, mas não a abastecem com instruções específicas ou regras.

Cientistas costumavam criar teorias para explicar dados e realizar predições. No aprendizado de máquina, o computador cria seus próprios modelos, que se ajustam aos dados. Os dados são o ponto de partida, não as teorias. Nesse sentido, os dados não são mais "passivos", mas "ativos": são "os próprios dados que definem o que fazer em seguida".[2] Pesquisadores treinam o algoritmo utilizando bancos de dados existentes (por exemplo, e-mails antigos) e então o algoritmo pode prever resultados para novos dados (por exemplo, novos e-mails que chegam).[3] Identificar padrões em grandes quantidades de informação (Big Data) é algo às vezes também chamado de "mineração de dados", por analogia com a extração de minerais valiosos da terra. Contudo, o termo é errôneo, pois o objetivo é a extração de padrões a partir dos dados, é a análise dos dados, não a extração de dados em si.

---

2 Ethem Alpaydin, *Machine Learning*. Cambridge: MIT Press, 2016, p. 11.
3 Centre for Democracy & Technology, "Digital Decisions", 2018.

O aprendizado de máquina pode ser *supervisionado*, o que significa que o algoritmo se concentra em uma variável específica designada como alvo da previsão. Por exemplo, se o objetivo é dividir pessoas em categorias (como alto ou baixo risco de segurança), as variáveis que preveem essas categorias já são conhecidas, e o algoritmo então aprende a prever o pertencimento a elas (alto/baixo risco de segurança). O programador treina o sistema provendo exemplos e contraexemplos, tais como imagens de pessoas que apresentam um alto ou baixo risco de segurança. O objetivo é que o sistema aprenda a prever quem pertence a qual categoria, quem oferece alto risco de segurança e quem não, a partir de novos dados. Se exemplos suficientes são fornecidos ao sistema, ele será capaz de generalizar e saber como categorizar dados novos, como a imagem de um passageiro passando pela fiscalização de segurança de um aeroporto. Aprendizado *não supervisionado* significa que esse tipo de treinamento não é feito e que as categorias não são conhecidas de antemão: os algoritmos constroem seus próprios agrupamentos (*clusters*). Por exemplo, a IA cria suas próprias categorias de segurança com base em variáveis selecionadas por ela; o programador não as fornece. A IA pode encontrar padrões que os especialistas no assunto (no nosso exemplo, os funcionários da segurança) ainda não identificaram. As categorias criadas pela IA podem parecer um tanto quanto arbitrárias para os seres humanos. Talvez não façam sentido. Mas as categorias podem ser identificadas estatisticamente. Algumas vezes elas fazem sentido, e então o método pode nos dar novos conhecimentos sobre as categorias no mundo real. O *aprendizado por reforço*, finalmente, é aquele que necessita de uma indicação sobre se a saída (*output*) é boa ou ruim. É análogo ao método de recompensa e punição. Não é dito ao programa quais ações levar a termo; ele "aprende" através de um processo interativo quais ações merecem uma recompensa. Tomando o exemplo da segurança: o sistema recebe um retorno dos (dados fornecidos pelos) funcionários de segurança e então "sabe" se realizou um bom trabalho ao fazer uma previsão específica. Se a pessoa para a qual se previu baixo risco de segurança não causar problemas de segurança, o sistema recebe um retorno de que sua saída foi boa e "aprende" com isso. Note-se também que os termos técnicos "supervisionado" e "não supervisionado" têm pouca relação com o quanto seres humanos estão envolvidos no uso da tecnologia: mesmo que seja dada alguma autonomia ao algoritmo, em todos os três casos há seres humanos envolvidos de várias formas.

Isso também é válido para a questão dos dados em IA, incluindo o chamado Big Data. O aprendizado de máquina com base em Big Data ganhou muito interesse devido à disponibilidade de grande quantidade de dados e um aumento (e barateamento) do poder computacional. Alguns pesquisadores falam de um "tsunami de dados".[4] Todos nós produzimos dados por meio das nossas atividades digitais quando usamos redes sociais ou quando compramos produtos on--line. Esses dados são de interesse para atores comerciais, mas também para governos e cientistas. Nunca foi tão fácil para organizações coletar, armazenar e processar dados.[5] Isso

---

**4** Ethem Alpaydin, *Machine Learning*, op. cit., p. x.
**5** John D. Kelleher e Brendan Tierney, *Data Science*. Cambridge: MIT Press, 2018.

não se deve apenas ao aprendizado de máquina; o ambiente digital alargado e outras tecnologias digitais têm um papel nisso. Aplicativos on-line e redes sociais facilitam a coleta de dados das pessoas. Ficou mais barato armazenar dados e os computadores se tornaram mais potentes. Tudo isso tem sido importante para o desenvolvimento da IA em geral, mas também para a ciência de dados.

## Ciência de dados

O aprendizado de máquina está, portanto, conectado à *ciência de dados*. A ciência de dados almeja extrair padrões significativos e úteis de conjuntos de dados, e hoje esses bancos de dados são enormes. Com aprendizado de máquina se podem analisar automaticamente esses vastos conjuntos de dados. Aprendizado de máquina e ciência de dados têm como base a estatística, que nada mais é do que passar de observações particulares para descrições gerais. Os estatísticos se interessam por encontrar correlações nos dados através de análises estatísticas. Modelos estatísticos procuram relações matemáticas entre entradas e saídas. É nisso que os algoritmos de aprendizado de máquina ajudam.

Mas a ciência de dados envolve mais do que somente a análise de dados por aprendizado de máquina. Os dados precisam ser coletados e preparados antes de serem analisados e, posteriormente, os resultados da análise precisam ser interpretados. A ciência de dados envolve desafios como encontrar a forma de capturar e limpar dados (por exemplo, das redes sociais e da web), coletar dados suficientes, articular conjuntos de dados, reestruturá-los, selecionar os relevantes e decidir quais tipos de dados serão utilizados. Assim, seres humanos ainda possuem um papel importante em todas as fases e com relação a todos esses aspectos, incluindo estruturar o problema, coletar os dados, preparar os dados (o conjunto de dados com o qual o algoritmo será treinado e o conjunto de dados ao qual será aplicado), criar ou selecionar o algoritmo de aprendizado, interpretar os resultados e decidir quais ações tomar.[6]

Desafios científicos se apresentam em cada fase desse processo e, ainda que o programa possa ser fácil de usar, o conhecimento de especialistas humanos é necessário para lidar com tais desafios. Usualmente, a colaboração entre seres humanos é também necessária, por exemplo, entre cientistas de dados e engenheiros. Erros são sempre possíveis, e escolha, conhecimento e interpretação humana são cruciais. Seres humanos são necessários aqui para interpretar coerentemente e direcionar a tecnologia para a descoberta de diferentes fatores e relações. Como Boden[7] aponta, falta à IA nosso entendimento de relevância. Pode-se adicionar que também lhe falta compreensão, experiência, sensibilidade e sabedoria. Esse é um bom argumento sobre por que, em teoria e em princípio, seres humanos precisam estar envolvidos. Mas também há um argumento empírico para não deixar seres humanos de fora dessa questão: na prática, eles *estão* envolvidos. Sem programadores e cientistas de dados, a tecnologia simplesmente não funciona. Além do mais, a competência humana e a IA são frequentemente combinadas, por exemplo, quando um médico usa a recomendação de uma IA para o tratamento

6  Ibid.
7  M. A. Boden, AI: *Its Nature and Future*, op. cit.

de um câncer, mas também usa sua própria experiência e intuição de especialista. Se a intervenção humana é deixada de fora, as coisas podem dar errado, deixar de fazer sentido ou, simplesmente, tornar-se ridículas.

Tome por exemplo, o seguinte problema bem conhecido da estatística, que por consequência afeta o uso da IA baseada em aprendizado de máquina: correlações não são necessariamente relações de causalidade. O livro de Tyler Vigen – *Correlações espúrias* (2015) – fornece bons exemplos sobre isso. Em estatística, uma correlação espúria é aquela na qual variáveis não estão relacionadas causalmente, mas parecem estar; as correlações se devem a um fator externo e invisível. Exemplos incluem a correlação entre a taxa de divórcio no Maine e o consumo *per capta* de margarina, ou a correlação entre o consumo *per capta* de queijo muçarela e a quantidade de títulos de doutorado em engenharia civil.[8] Uma IA pode encontrar tais correlações, mas humanos são necessários para decidir quais correlações merecem estudos posteriores, de modo a encontrar relações de causalidade.

Além do mais, já na fase de coleta de dados e de projeto ou criação do conjunto de dados, fazemos escolhas sobre como abstrair da realidade.[9] A abstração da realidade nunca é neutra, e a abstração em si não é a realidade, é uma representação. Isso significa que podemos discutir quão boa e apropriada é a representação em função de determinado propósito. Compare isso com um mapa: o mapa em si não é o território; seres humanos fizeram escolhas ao projetar

8  Ver tylervigen.com/spurious-correlations.
9  J. D. Kelleher e Brendan Tierney, *Data Science*, op. cit.

um mapa para um propósito particular (um mapa rodoviário para carros, um mapa topográfico para caminhadas, por exemplo). No aprendizado de máquina, a abstração por meio de métodos estatísticos cria um modelo da realidade; não é a realidade. Isso também inclui escolhas: escolhas relativas ao algoritmo em si que executará a operação estatística que nos leva dos dados aos padrões/regras, junto com as escolhas envolvidas no projeto do banco de dados no qual o algoritmo de aprendizado é treinado. Esse aspecto de escolha, portanto um aspecto humano do aprendizado de máquina, significa que podemos e devemos fazer perguntas importantes sobre as escolhas feitas. Por exemplo, o conjunto de dados de treinamento é representativo da população em questão? Existe algum viés embutido nos dados? Como veremos no próximo capítulo, essas escolhas e assuntos nunca são questões meramente técnicas, tendo também um componente ético crucial.

## Aplicações

Aprendizado de máquina e ciência de dados têm inúmeras aplicações, algumas das quais eu já mencionei anteriormente sob o rótulo mais amplo de IA. Essas tecnologias podem ser usadas para reconhecimento facial (e até mesmo reconhecer emoções com base na análise dos rostos), fazer sugestões de busca, dirigir um carro, realizar previsões de personalidade, prever quem irá voltar a cometer um delito ou recomendar músicas para escutar. Em vendas e marketing, são usadas para recomendar produtos e serviços. Por exemplo, quando você compra algo na Amazon, o site coleta dados sobre você e faz recomendações com base em um modelo estatístico construído com dados de todos os clientes. O Walmart experimentou o reconhecimento facial para enfrentar o roubo em suas lojas; no futuro, a mesma tecnologia poderá ser utilizada para determinar se compradores estão felizes ou frustrados. Essas tecnologias também possuem várias aplicações em finanças. A Experian, empresa de informações e análise de crédito, trabalha com IA baseada em aprendizado de máquina para analisar dados de transações e processos judiciais visando recomendar ou não a concessão de crédito para quem solicita financiamento. A American Express utiliza aprendizado de máquina para detectar transações fraudulentas. No setor de transportes, IA e Big Data são utilizados para criar carros autônomos. Por exemplo, a BMW utiliza um tipo de tecnologia de reconhecimento de imagem para analisar dados obtidos através dos sensores e câmeras dos carros. No sistema de saúde, a IA baseada em aprendizado de máquina pode ajudar no diagnóstico de câncer (por exemplo, analisando exames radiológicos) ou na detecção de doenças infecciosas. A IA da empresa DeepMind analisou um milhão de imagens de exames oftalmológicos e dados de pacientes, treinando a si mesma para diagnosticar indícios de doenças oculares degenerativas. O Watson, da IBM, passou de jogar *Jeopardy* a ser utilizado para dar recomendações de tratamentos de combate ao câncer. Dispositivos vestíveis móveis de esporte e saúde também fornecem dados para aplicações de aprendizado de máquina. No campo do jornalismo, o aprendizado de máquina pode escrever notícias. Por exemplo, no Reino Unido a agência de notícias Press Association possui *bots* para escrever matérias com notícias locais. A IA também entra na esfera doméstica e privada, por exemplo, na forma de robôs que coletam dados e de dispositivos interativos assistivos conectados ao processamento de linguagem natural. A boneca Hello Barbie fala com crianças com base num processamento de linguagem natural que analisa diálogos gravados. Tudo o que é dito pelas crianças é gravado, armazenado e analisado nos servidores da ToyTalk. Uma resposta é então enviada ao dispositivo: a Hello Barbie responde com base no que foi "aprendido" sobre seu usuário. O Facebook usa tecnologias de aprendizado profundo e redes neurais para estruturar e analisar dados dos aproximadamente dois bilhões de usuários da plataforma que produzem dados não estruturados. Isso ajuda a companhia a oferecer anúncios personalizados. O Instagram analisa as imagens de 800 milhões de usuários para vender anúncios para empresas. Usando mecanismos de recomendação que analisam dados dos clientes, a Netflix está se transformando de distribuidora em produtora de conteúdo: se você pode prever o que as pessoas gostam de assistir, pode produzir conteúdo e ganhar dinheiro com isso. A ciência de dados tem sido usada até mesmo na culinária. Por exemplo, com base em análises de aproximadamente 10.000 receitas, o Chef Watson, da IBM, cria suas próprias receitas, que sugerem novas combinações de ingredientes.[10] A IA baseada em aprendizado de máquina pode também ser utilizada em educação, recrutamento, justiça criminal, segurança (por exemplo, policiamento preditivo), recuperação de músicas, trabalho de escritório, agricultura, armas militares e assim por diante.

---

10 Exemplos concretos como os do Facebook, do Walmart, da American Express, da Hello Barbie e da BMW foram retirados de Bernard Marr, "27 Incredible Examples of AI and Machine Learning in Practice". *Forbes*, 30 abr. 2018.

A estatística costumava ser vista como uma área não muito sedutora. Hoje, como parte da ciência de dados e na forma de IA trabalhando com Big Data, virou objeto de desejo. É a nova mágica. É o tipo de coisa de que a mídia gosta de falar. E é um grande negócio. Alguns falam de um novo tipo de corrida do ouro; as expectativas são altas. Além disso, esse tipo de IA não é ficção científica ou especulação; como os exemplos mostram, a chamada IA estreita ou fraca já está entre nós e é pervasiva. Quando se trata de seu potencial impacto, não tem nada de estreita ou fraca. Portanto, é urgente analisar e discutir as muitas questões que são levantadas pelo aprendizado de máquina e outras tecnologias de IA e suas aplicações. Esse é o assunto dos próximos capítulos.

# [7]
# A privacidade e os outros suspeitos habituais

Muitos problemas éticos relacionados à IA são conhecidos na área da ética da robótica e da automação ou, mais geralmente, na área da ética das tecnologias digitais de informação e comunicação. Mas isso por si só não os torna menos importantes. Além disso, por conta da tecnologia e da forma como a IA está conectada a outras tecnologias, essas questões ganham uma nova dimensão e tornam-se ainda mais urgentes.

## Privacidade e proteção de dados

Considere, por exemplo, a privacidade e a proteção de dados. A IA e, em particular, aplicações de aprendizado de máquina que trabalham com Big Data frequentemente envolvem a coleta e o uso de informações pessoais. A IA também pode ser usada para vigilância, tanto na rua quanto no local de trabalho e – por meio de smartphones e mídias sociais – em toda parte. Muitas vezes as pessoas nem mesmo sabem que dados estão sendo coletados, ou que os dados que fornecem em um contexto são depois usados por terceiros em outro contexto. Big Data também significa que, frequentemente, bases de dados adquiridas por diferentes organizações estão sendo combinadas.

Um uso ético da IA exige que os dados sejam coletados, processados e compartilhados de maneira a respeitar a privacidade dos indivíduos e seu direito de saber o que acontece com seus dados, de acessá-los, de se opor à sua coleta ou processamento, de saber que seus dados estão sendo coletados e processados e (se aplicável) que estão sujeitos a uma decisão tomada por uma IA. Muitas dessas questões também surgem com outras tecnologias de informação e comunicação e, como veremos, a transparência também é um requisito importante nesses casos (ver mais adiante neste capítulo). Questões de proteção de dados também surgem na ética da pesquisa, por exemplo, na ética da coleta de dados para pesquisa em ciências sociais. Se considerarmos os contextos em que a IA é usada hoje, no entanto, essas questões de privacidade e proteção de dados se tornam cada vez mais problemáticas. É relativamente fácil respeitar esses valores e direitos ao fazer uma pesquisa como cientista social: é possível informar os entrevistados e pedir explicitamente seu consentimento, e é relativamente claro o que acontecerá com os dados. Mas o ambiente em que a IA e a ciência de dados são usadas hoje é geralmente muito distinto. Considere as mídias sociais: apesar das informações de privacidade estarem disponíveis e dos aplicativos solicitarem o consentimento dos usuários, não está claro o que acontece com os dados fornecidos ou mesmo quais deles são armazenados. Além disso, para usar o aplicativo e usufruir de seus benefícios, não há outra opção senão consentir. Muitas vezes, os usuários nem sequer sabem que a IA está impulsionando o aplicativo que usam. Muitas vezes os dados fornecidos em um contexto são movidos para outro domínio e usados para uma finalidade diferente (reutilização de dados), por exemplo, quando as empresas vendem seus dados para outras empresas ou movem os dados entre diferentes partes da mesma empresa sem que os usuários saibam.

## Manipulação, exploração e usuários vulneráveis

Esse último fenômeno também aponta para o risco de os usuários serem manipulados e explorados. A IA é usada para manipular o que compramos, quais notícias seguimos, em quais opiniões confiamos e assim por diante. Pesquisadores da teoria crítica têm apontado para o contexto capitalista em que o uso das mídias sociais acontece. Pode-se dizer que os usuários de mídias sociais são "mão de obra" digital gratuita[1] produzindo dados para empresas. Essa forma de exploração também pode envolver IA. Como usuários de mídia social, corremos o risco de nos tornarmos a força de trabalho explorada e não remunerada que produz dados para a IA, que depois analisa nossos dados, e, em última instância, para as empresas que usam os dados, as quais geralmente também incluem terceiros. Isso ainda nos lembra a advertência de Herbert Marcuse na década de 1960, de que mesmo as sociedades ditas "livres", "não totalitárias", têm suas próprias formas de dominação, em particular a exploração dos consumidores.[2] O perigo aqui é que, mesmo nas democracias de hoje, a IA pode levar a novas formas de manipulação, vigilância e totalitarismo, não necessariamente como políticas autoritárias, mas de uma maneira mais oculta e altamente eficaz: alterando a economia de modo a transformar todos nós em gado de smartphones ordenhados para extração de nossos dados. Mas a IA também pode ser usada para manipular a política de forma mais direta, por exemplo, analisando dados de redes sociais para ajudar campanhas políticas (como no famoso caso da Cambridge Analytica, empresa que usou dados de usuários do Facebook sem seu consentimento para fins políticos na eleição presidencial dos Estados Unidos de

---

1 Christian Fuchs, *Digital Labour and Karl Marx*. New York: Routledge, 2014.
2 Herbert Marcuse, *One-Dimensional Man* [1964]. Boston: Beacon Press, 1991.

2016), ou fazendo *bots* postarem mensagens políticas nas mídias sociais com base na análise dos dados das pessoas em termos de suas preferências políticas para influenciar a votação. Alguns também se preocupam que a IA, ao assumir tarefas cognitivas de seres humanos, infantilize seus usuários "tornando-os menos capazes de pensar por si mesmos ou decidir por si mesmos o que fazer".[3] Indo além, o risco de exploração não está apenas no lado do usuário: a IA depende de hardware que é produzido em algum lugar por pessoas, e essa produção pode envolver a exploração delas. A exploração também pode ocorrer no treinamento de algoritmos e na produção de dados que são usados para e pela IA. A IA pode facilitar a vida de seus usuários, mas não necessariamente daqueles que extraem minérios, lidam com o lixo eletrônico e treinam a IA. A Alexa, da Amazon Echo, por exemplo, não apenas cria um usuário que, convertido em fonte de dados, trabalha de graça e é vendido como um produto, ela também explora todo tipo de mão de obra, escondida nos bastidores: mineradores, trabalhadores em navios, *freelancers* que rotulam conjuntos de dados, todos a serviço da acumulação de capital por parte de muito poucos.[4]

Alguns usuários de IA também são mais vulneráveis do que outros. As teorias de privacidade e exploração muitas vezes assumem que o usuário é um ser humano adulto autônomo e relativamente jovem e saudável, com plena capacidade mental. Porém o mundo real é povoado por crianças,

3 Murray Shanahan, *The Technological Singularity*. Cambridge: MIT Press, 2015, p. 170.
4 Katharine Schwab, "The Exploitation, Injustice, and Waste Powering Our AI". *Fast Company*, 18 set. 2018.

idosos, pessoas que não têm capacidades mentais "normais" ou "plenas" e assim por diante. Esses usuários vulneráveis estão mais em risco. Sua privacidade pode ser facilmente violada ou facilmente manipulada; e a IA oferece novas oportunidades para tais violações e manipulações. Considere crianças pequenas que conversam com uma boneca conectada a um sistema tecnológico que inclui IA: muito provavelmente, a criança não sabe que IA está sendo usada ou que dados são coletados, muito menos o que está sendo feito com suas informações pessoais. Um *chatbot* ou uma boneca com inteligência artificial não apenas podem coletar muitas informações pessoais sobre a criança e seus pais; também podem manipular a criança usando linguagem e interface de voz. Na medida em que a IA se torna parte da "internet dos brinquedos"[5] e da internet das (outras) coisas, esse é um problema ético e político. O fantasma do totalitarismo retorna mais uma vez: não em histórias distópicas de ficção científica ou pesadelos aparentemente ultrapassados do pós-guerra, mas na tecnologia de consumo que já está no mercado.

## Fake news, o perigo do totalitarismo e o impacto nas relações pessoais

A IA também pode ser usada para produzir discurso de ódio e informações falsas, ou para criar *bots* que parecem ser pessoas, mas que na verdade são softwares de IA. Já mencionei o *chatbot* Tay e o discurso falso de Obama. Isso pode levar a um

---

**5**  Stefania Druga, Randi Williams, "Kids, AI Devices, and Intelligent Toys". MIT *Media Lab*, 6 jun. 2017.

mundo onde não é mais claro o que é verdade e o que é falso, onde fatos e ficção se misturam. Quer isso deva ou não ser chamado de "pós-verdade",[6] essas aplicações de IA contribuem claramente para o problema. Evidentemente, informações falsas e manipulação existiam antes da IA. O cinema, por exemplo, sempre criou ilusões e os jornais espalharam propaganda. Mas com a IA, combinada com as possibilidades e o ambiente da internet e das mídias sociais digitais, o problema parece aumentar em intensidade. Parece haver mais oportunidades de manipulação, colocando em risco o pensamento crítico. Tudo isso nos lembra mais uma vez os perigos do totalitarismo, que se beneficia da confusão sobre a verdade e em que notícias falsas são criadas para fins ideológicos.

No entanto, mesmo em uma utopia libertária, as coisas podem não parecer tão luminosas. Informações falsas corroem a confiança e, assim, prejudicam o tecido social. O uso excessivo da tecnologia pode levar a uma diminuição de contato entre as pessoas, ou pelo menos de contato significativo. Sherry Turkle[7] fez a seguinte formulação com relação a tecnologias como computadores e robôs: acabamos esperando mais da tecnologia, porém menos uns dos outros. Esse argumento também pode se aplicar à IA: a preocupação é que a IA, na forma de mídia social ou na forma de "companheiros" digitais, nos dê a ilusão de camaradagem, mas desestabilize relacionamentos verdadeiros com amigos, pessoas queridas e famílias. Embora essa preocupação já existisse antes da IA

---

6  Lee C. MacIntyre, *Post-Truth*. Cambridge: MIT Press, 2018.
7  Sherry Turkle, *Alone Together: Why We Expect More from Technology and Less from Each Other*. New York: Basic Books, 2011.

e tenda a surgir a cada novo meio (ler jornal ou ver TV em vez de conversar), o argumento pode ser que agora, com a IA, a tecnologia é muito melhor em criar essa ilusão de companhia e que isso aumenta o risco de solidão ou deterioração das relações pessoais.

## Segurança e proteção

Há também perigos mais visíveis. As inteligências artificiais, especialmente quando incorporadas em sistemas de hardware que operam no mundo físico, também precisam ser *seguras*. Considere, por exemplo, os robôs industriais: supõe-se que eles não causem danos aos trabalhadores. Ainda assim, acidentes às vezes acontecem nas fábricas. Robôs podem matar, mesmo que isso seja relativamente raro. No entanto, no caso de robôs com IA, o problema de segurança se torna mais desafiador: esses robôs podem trabalhar mais próximo aos humanos e podem "inteligentemente" evitar prejudicá-los. Mas o que exatamente isso significa? Devem se mover mais lentamente quando estão perto de um ser humano, o que retarda o processo, ou não há problema em se mover em alta velocidade para fazer o trabalho com eficiência? Sempre existe o risco de algo dar errado. A ética da segurança deve ser uma questão de compensações? Robôs com IA em um ambiente doméstico ou em espaços públicos também causam problemas de segurança. Por exemplo, um robô deve sempre evitar esbarrar em humanos ou está tudo bem se de vez em quando obstruir uma pessoa para alcançar seu objetivo? Essas não são meras questões técnicas, mas têm um componente ético: é uma questão de vidas humanas e valores como liberdade e eficiência. Elas também levantam problemas de responsabilidade (mais sobre isso adiante). Outro problema que já existia antes de a IA entrar em cena, mas que merece atenção renovada, é a proteção. Em um mundo em rede, todo dispositivo eletrônico ou software pode ser hackeado, invadido e manipulado por pessoas com intenções maliciosas. Todos nós conhecemos, por exemplo, os vírus que podem estragar o computador. Mas, quando equipados com IA, nossos dispositivos e softwares podem fazer mais e, quando ganham mais agência e isso tem consequências físicas no mundo real, o problema de proteção se torna muito maior. Por exemplo, se o seu carro autônomo movido a IA for hackeado, você terá mais do que apenas um "problema no computador" ou "problema de software", você pode morrer. E, se o software de infraestrutura crítica (internet, água, energia, etc.) ou dispositivo militar com capacidade letal for hackeado, uma sociedade inteira provavelmente será desestabilizada e muitas pessoas serão prejudicadas. Em aplicações militares, o uso de armas letais autônomas representa um risco óbvio, especialmente, é claro, para aqueles que são visados por elas (geralmente não os habitantes do Ocidente), mas também para aqueles que as utilizam: sempre podem ser hackeadas e colocadas contra você. Além disso, uma corrida armamentista envolvendo essas armas poderia levar a uma nova guerra mundial. E não é preciso olhar muito para o futuro: se hoje os drones (sem IA) já podem prejudicar um grande aeroporto em Londres, não é difícil imaginar quão vulneráveis são nossas infraestruturas diárias e com que facilidade o uso maléfico ou *hacking* da IA poderia causar grandes rupturas e destruições. Observe também que, por exemplo, ao contrário da tecnologia nuclear, o uso da tecnologia de IA existente não requer equipamentos caros ou um longo treinamento; o impedimento para usar a IA para fins maliciosos é, portanto, bastante baixo.

Problemas de segurança mais mundanos com carros e infraestruturas como aeroportos também nos lembram que, enquanto algumas pessoas são mais vulneráveis do que outras, todos nós somos vulneráveis à luz de tecnologias como a IA porque, à medida que a sua agência aumenta e delegamos mais tarefas a elas, todos nos tornamos mais dependentes. As coisas sempre podem dar errado. As novas vulnerabilidades tecnológicas, portanto, nunca são meramente tecnológicas; também se tornam nossas vulnerabilidades humanas, existenciais.[8] Os problemas éticos discutidos aqui podem, assim, ser vistos como vulnerabilidades humanas: vulnerabilidades tecnológicas acabam por transformar nossa existência como seres humanos. Na medida em que nos tornamos dependentes da IA, a IA é mais do que uma ferramenta que usamos; torna-se parte de como somos e de como estamos em risco no mundo.

O aumento da agência da IA, especialmente quando substitui a agência humana, também levanta outro problema ético cada vez mais urgente: a responsabilidade. Esse é o tema do próximo capítulo.

---

8  M. Coeckelbergh, *Human Being @ Risk: Enhancement, Technology, and the Evaluation of Vulnerability Transformations*. Cham: Springer, 2013.

# [8]
# Máquinas arresponsáveis e decisões inexplicáveis

## Como podemos e devemos atribuir responsabilidade moral?

Quando a IA é usada para tomar decisões e para fazer algo para nós, encontramos um problema que é compartilhado por todas as tecnologias de automação, mas que se torna ainda mais importante quando a IA nos habilita a delegar muito mais para as máquinas do que estávamos acostumados: atribuição de responsabilidade.[1] Se mais agência é dada à IA e ela assume o que seres humanos geralmente faziam, como fica então a atribuição de responsabilidade moral? Quem é responsável pelos danos e benefícios da tecnologia quando seres humanos delegam agência e decisões à IA? Colocando em termos de risco, quem é responsável quando algo dá errado?

Quando seres humanos estão fazendo algo e tomando decisões, normalmente conectamos agência com *responsabilidade moral*. Você é responsável pelo que faz e pelo que decide.

Se você causa efeito sobre o mundo e sobre os outros, você é responsável pelas consequências. De acordo com Aristóteles, essa é a primeira condição para responsabilidade moral, a chamada condição de controle: na *Ética a Nicômaco*, ele argumenta que a ação deve ter sua origem no agente. Essa visão também possui um lado normativo: se você tem agência

---

1   Alguém pode questionar, contudo, se decisões feitas por IAs realmente contam como decisões, e, em caso positivo, se há uma diferença no tipo de decisões que delegamos ou devemos delegar para as IAs. Desse modo, o problema relativo à responsabilidade da IA ou para ela levanta a questão última de o que é uma decisão. O problema também se conecta com questões sobre delegação: nós delegamos decisões a máquinas. Mas o que essa delegação implica em termos de responsabilidade?

e poder de decisão, você *deve* assumir a responsabilidade por suas ações. O que queremos evitar, moralmente falando, é alguém com agência e poder, porém sem responsabilidade. Aristóteles também adiciona outra condição para a responsabilidade moral: você é responsável quando sabe o que está fazendo. Essa é uma condição *epistêmica*: você precisa estar ciente do que está fazendo e saber quais podem ser as consequências. O que precisamos evitar aqui é alguém que faz coisas sem saber o que está fazendo, potencialmente resultando em consequências danosas.

Agora vejamos como essas condições se comportam quando delegamos decisões e ações à IA. O primeiro problema é que uma IA pode realizar ações e tomar decisões que têm consequências éticas, mas sem ter ciência do que faz e sem capacidade de pensamento moral, logo não podendo ser considerada moralmente responsável pelo que faz. Máquinas podem ser agentes, mas não *agentes morais*, se falta a elas consciência, livre-arbítrio, emoções, aptidão para formar intenções e outras condições similares. Por exemplo, em uma visão aristotélica, somente seres humanos podem executar ações voluntárias e deliberar sobre suas ações. Se isso é verdade, a única solução é responsabilizar seres humanos pelo que a máquina faz. Seres humanos então delegam agência à máquina, mas retêm a responsabilidade. Já fazemos isso em nossos sistemas jurídicos: não responsabilizamos cachorros ou crianças pequenas por suas ações, mas colocamos a responsabilidade legal nas mãos de seus tutores. E, em uma organização, podemos delegar uma tarefa particular para um indivíduo, mas atribuímos a responsabilidade ao gerente encarregado do projeto como um todo – embora nesse caso ainda haja alguma responsabilidade por parte do indivíduo ao qual a tarefa foi delegada.[2] Por que então não deixar a máquina realizar as ações e manter a responsabilidade na conta do ser humano? Isso parece o melhor método para proceder, visto que algoritmos e máquinas são arresponsáveis.[3]

Essa solução encontra, contudo, vários problemas no caso da IA. Primeiramente, um sistema de IA pode tomar suas decisões e ações muito rapidamente, por exemplo, no *high-frequency trading*[4] ou em carros autônomos, o que dá ao ser humano muito pouco tempo para tomar a decisão final ou intervir. Como seres humanos podem assumir a responsabilidade por tais ações e decisões? Em segundo lugar, as IAs têm um histórico. Quando a IA faz algo em um contexto de aplicação específico, pode não mais estar claro quem a criou, quem a utilizou primeiro e como a responsabilidade deve ser distribuída entre as diferentes partes envolvidas. Por exemplo,

---

2  De fato, esse caso é mais complicado, pois se pode argumentar que o indivíduo ao qual a tarefa foi delegada é então ainda responsável por essa tarefa específica – no mínimo em alguma medida – e pode não estar claro como a responsabilidade é distribuída em tais casos.

3  Escolhemos o neologismo "arresponsáveis" para traduzir *a-responsible* (*machines*) pois em língua inglesa *a-responsible* também é um neologismo, o que indica opção deliberada do autor pelo termo; em segundo lugar, para chamar a atenção para uma efetiva *impossibilidade de responsabilização* das "máquinas inteligentes", à diferença da *irresponsabilidade*, entendida como renúncia ou descaso com a responsabilidade. O sentido seria, aproximadamente, o evocado pelo termo *amoral*, já dicionarizado na língua portuguesa e distinto de *imoral*. Por fim, observamos a atual regra dos prefixos ao eleger a grafia arresponsáveis, em vez de a-responsáveis.[N.T.]

4  *High-Frequency Trading* (HFT) é uma técnica de negociação que usa algoritmos para comprar e vender ativos financeiros em alta velocidade, aproveitando pequenas diferenças nos preços para obter lucros. [N.E.]

um algoritmo de IA criado no contexto de um projeto científico em uma universidade pode ser aplicado pela primeira vez em um laboratório da universidade, depois no setor de saúde e, posteriormente, em contexto militar. Quem é responsável? Pode ser difícil rastrear todos os seres humanos envolvidos na história da IA em questão e, de fato, na cadeia causal que levou a um resultado particular que é problemático do ponto de vista ético. Nem sempre sabemos quem são todas as pessoas envolvidas no momento em que surge um problema de responsabilidade. Um algoritmo de IA frequentemente tem uma longa história, envolvendo muitas pessoas. Isso nos leva ao típico problema de atribuição de responsabilidade em ações tecnológicas: geralmente há muitas mãos [*many hands*] e, eu acrescentaria, muitas coisas [*many things*].

Há *muitas mãos* no sentido de que muitas pessoas estão envolvidas em ações tecnológicas. No caso da IA, isso começa com o programador, mas temos também o usuário final e outros envolvidos. Considere o exemplo do carro autônomo: há o programador, o usuário do carro, os donos da empresa automotiva, os outros usuários da estrada e assim por diante. Em março de 2018, um carro autônomo da Uber causou um acidente no Arizona que resultou na morte de um pedestre. Quem é responsável por esse trágico resultado? Pode ser aquele que programou o carro, aqueles responsáveis na empresa pelo desenvolvimento do produto, a Uber, o usuário do carro, o pedestre, a autoridade reguladora (no caso, o estado do Arizona) e assim por diante. Não é claro quem é responsável. Pode ser que a responsabilidade não possa e não deva ser atribuída a uma única pessoa; mais de uma pessoa pode ser responsável. Algumas pessoas podem ser mais responsáveis do que outras.

Há também *muitas coisas* no sentido de que um sistema tecnológico é constituído de muitos elementos interconectados; geralmente há vários componentes no sistema em questão. Há o algoritmo de IA, mas esse algoritmo interage com sensores, usa todo tipo de dados e interage com toda sorte de hardware e software. Todas essas coisas têm seus históricos e estão conectadas com a pessoa que as programou ou produziu. Quando algo dá errado, não é claro se "a IA" é a causadora do problema ou algum outro componente do sistema – ou mesmo em que ponto a IA termina e o restante da tecnologia começa. Isso também torna difícil atribuir e distribuir a responsabilidade. Considerem-se ainda o aprendizado de máquina e a ciência de dados: como vimos, não há só o algoritmo, mas também um processo que inclui várias fases, como a coleta e o tratamento de dados, o treinamento do algoritmo e assim por diante – tudo envolvendo vários elementos técnicos e necessitando de decisões humanas. Novamente, há uma história causal envolvendo muitos seres humanos e muitas peças; isso torna difícil a atribuição de responsabilidade.

Para tentar lidar com esses assuntos, pode-se aprender com os sistemas jurídicos ou observar como os seguros funcionam; ainda falarei sobre noções jurídicas nos capítulos sobre política e gestão. Mas, por trás desses sistemas jurídicos e de seguros, emergem questões sobre a agência da IA e a responsabilidade pela IA: Quão dependentes queremos ser das tecnologias de automação? Podemos assumir a responsabilidade por algo feito pela IA? Como podemos atribuir e distribuir responsabilidades? A noção jurídica de negligência, por exemplo, dispõe sobre o exercício do dever de cuidado.

Mas o que esse dever significa no caso da IA, dado que é tão difícil prever todas as consequências eticamente relevantes? Isso nos leva ao próximo assunto. Mesmo que o problema do controle pudesse ser resolvido, há também uma segunda condição para a responsabilidade, ligada a um problema de conhecimento. Para ser responsável, você precisa saber o que está fazendo e acarretando e, em retrospecto, saber o que você fez. Ademais, esse assunto possui um aspecto relacional: no caso de seres humanos, esperamos uma explicação de alguém sobre o que fez ou decidiu. Responsabilidade significa, assim, possibilidade de elucidação e explicabilidade. Se algo dá errado, queremos uma resposta e uma explicação. Por exemplo, pedimos a um juiz que explique sua decisão, ou demandamos de um criminoso explicação sobre por que fez o que fez. Essas condições se tornam muito problemáticas no caso da IA. Primeiramente, a princípio a IA de hoje não "sabe" o que está fazendo, no sentido de não estar consciente e, por isso, não ter noção do que está fazendo e de suas possíveis consequências. Ela pode registrar e gravar o que faz, mas não "sabe o que está fazendo" da mesma forma que os seres humanos, que, como seres conscientes, têm noção do que fazem, podendo (novamente segundo Aristóteles) deliberar e refletir sobre o que são suas ações e quais as suas consequências. Quando essas condições não são atendidas no caso de seres humanos, como acontece com crianças muito pequenas, não as responsabilizamos. Normalmente também não responsabilizamos os animais.[5] Se a IA não atende a essas condições, então não podemos

---

5   Note que isso não foi nem é sempre o caso; como Turner nos lembra, há casos de animais sendo punidos. Cf. Jacob Turner, *Robot Rules: Regulating Artificial Intelligence*. Cham: Palgrave Macmillan, 2019.

responsabilizá-la. Uma vez mais, a solução é responsabilizar os seres humanos por algo feito pela IA, presumindo que *eles* sabem o que a IA está fazendo e o que eles estão fazendo com a IA, e – lembrando o aspecto relacional – que *eles* são capazes de responder pelas ações da IA e explicar o que ela fez.

Contudo, ao contrário do que pode parecer à primeira vista, não se pode inferir tão diretamente que essa suposição se sustente. Normalmente, programadores e usuários sabem o que querem fazer com a IA ou, para ser mais exato: sabem o que querem que a IA faça por eles. Conhecem o objetivo, a finalidade: por esse motivo delegam a tarefa à IA. Podem também saber como a tecnologia funciona no geral. Mas, como veremos, *nem sempre* sabem exatamente o que a IA está fazendo (a cada momento) e não podem *sempre* explicar o que ela fez ou como chegou à sua decisão.

## Transparência e explicabilidade

Aqui nos deparamos com o problema da *transparência* e da explicabilidade. Em alguns sistemas de IA, o modo pelo qual a IA chega à sua decisão é claro. Se a IA usa uma árvore de decisão, por exemplo, a maneira pela qual chega à sua decisão é transparente. Ela foi programada de um modo que determina a decisão, dada uma entrada específica. Seres humanos podem então explicar como a IA chegou à sua decisão e a IA pode ser "solicitada" a explicar sua decisão. Seres humanos podem assumir a responsabilidade pela decisão ou, talvez mais precisamente, podem tomar uma decisão com base em uma recomendação de decisão feita pela IA. Contudo, com alguns outros sistemas de IA, notadamente os que usam aprendizado de máquina, e particularmente aprendizado profundo baseado em redes neurais, essa explicação e essa forma de decisão não são mais possíveis. Já não é transparente como a IA chega à sua decisão, e os seres humanos não podem mais explicá-la. Sabem como o sistema funciona de maneira geral, mas não podem mais explicar uma decisão particular. Pense sobre o xadrez com aprendizado profundo: os programadores sabem como a IA funciona, mas o modo exato pelo qual a máquina concebe uma jogada específica (isto é, o que acontece nas camadas de uma rede neural) não é transparente e não pode ser explicado. Isso é um problema de responsabilidade, pois os seres humanos criadores ou usuários da IA não podem explicar uma decisão particular, e então fracassam em saber o que a IA está fazendo, não podendo mais responder por suas ações. Por um lado, os humanos sabem o que a IA está fazendo (conhecem, por exemplo, o código da IA e sabem como funciona no geral), mas por outro lado não sabem (não podem explicar) como ocorreu uma decisão particular, resultando daí a impossibilidade de serem dadas informações precisas às pessoas afetadas pela IA sobre como a máquina chegou à sua predição. Assim, mesmo que em todas as tecnologias de automação surjam problemas de responsabilidade, aqui nos deparamos com um problema específico de alguns tipos de IA: o chamado problema da *caixa-preta*.

Além do mais, mesmo a suposição de que em tais casos os humanos têm conhecimento da IA em geral e do seu código não é sempre verdadeira. Provavelmente, os programadores iniciais conhecem o código e como tudo funciona (ou pelo menos a parte programada por eles), mas isso não significa que os programadores subsequentes e usuários que alteram ou usam o algoritmo para aplicações específicas conheçam completamente o que a IA está fazendo. Por exemplo, alguém usando um algoritmo para operações no mercado financeiro pode não entender completamente a IA; usuários das redes sociais podem nem mesmo saber que uma IA está sendo usada, quanto mais entendê-la. De sua parte, os programadores (iniciais) podem não conhecer o preciso uso *futuro* do algoritmo desenvolvido, ou as *diferentes áreas de aplicação* nas quais o algoritmo pode ser usado, muito menos a totalidade dos efeitos *não intencionais* decorrentes do uso futuro de seu algoritmo. Assim, mesmo deixando de lado o problema particular do aprendizado de máquina (profundo), há um problema de conhecimento com a IA na medida em que muitas pessoas que a usam não sabem o que estão fazendo, no sentido de que não sabem o que a IA está fazendo, quais são os seus efeitos, ou nem mesmo *sabem que* ela está sendo utilizada. Isso também é um problema de responsabilidade e, portanto, um sério problema ético.

Algumas vezes esses problemas são colocados em termos de confiança: uma falta de transparência leva a menos confiança na tecnologia e nas pessoas que usam a tecnologia. Alguns pesquisadores se perguntam, portanto, como podemos aumentar a confiança na IA e identificam a transparência e a explicabilidade como um dos fatores que podem fazer isso, além de, por exemplo, evitar vieses[6] ou as imagens de "exterminador do futuro" associadas à IA.[7] Como veremos no

---

6 Michael Winikoff, "Towards Trusting Autonomous Systems", in A. Seghrouchni, A. Ricci e S. Trao (orgs.), *Engineering Multi-Agent Systems*. Cham: Springer, 2018, pp. 3-20.

7 Keng Siau e Weiyu Wang, "Building Trust in Artificial Intelligence, Machine Learning, and Robotics". *Cutter Business Technology Journal*, v. 32, n. 2, pp. 46-53, 2018.

próximo capítulo, as políticas para a IA também frequentemente almejam construir confiança. Contudo, termos como IA "digna de confiança" são controversos: devemos reservar o termo "confiança" para falar de relações entre seres humanos, ou é adequado usá-lo para máquinas também? A pesquisadora de IA Joanna Bryson[8] tem argumentado que a IA não é uma coisa em que se possa confiar, mas sim um conjunto de técnicas de desenvolvimento de software; ela afirma que o termo "confiança" deve ser reservado para pessoas e suas instituições sociais. Além disso, a questão da transparência e da explicabilidade nos faz pensar novamente sobre que tipo de sociedade queremos. Aqui, o perigo não é somente o da manipulação e dominação pelos capitalistas ou elites tecnocráticas, criando uma sociedade altamente dividida. O perigo subsequente e talvez mais profundo que surge aqui é o de uma sociedade altamente tecnológica, na qual nem mesmo essas elites saibam mais o que estão fazendo e ninguém mais responda pelo que está acontecendo.

Como veremos, na formulação de políticas algumas vezes os gestores propõem uma "IA explicável" e um "direito à explicação". Pode-se, de fato, questionar se é *possível* haver sempre uma IA transparente. Parece fácil alcançar isso com sistemas clássicos. Mas, se com as aplicações contemporâneas de aprendizado de máquina parece, em princípio, ser impossível explicar cada passo do processo de decisão e também decisões relacionadas a indivíduos específicos, então temos um problema.

---

**8**   Joanna Bryson, "AI & Global Governance: No One Should Trust AI". *United Nations University Centre for Policy Research. AI & Global Governance*, 13 nov. 2018.

É possível "abrir a caixa preta"? Isso provavelmente seria algo bom, não só para a ética, mas também para o aprimoramento do sistema (isto é, do modelo) e para aprendermos com ele. Por exemplo, se o sistema é mais explicável, e se a IA utiliza o que consideramos características indesejadas, então os seres humanos podem identificar essas questões e ajudar a eliminar correlações espúrias. E, se uma IA identifica novas estratégias para se jogar um jogo e torna isso mais transparente para os seres humanos, então eles podem aprender com a máquina para jogar melhor esse jogo. Isso é útil não somente para jogos, mas também para áreas como saúde, justiça criminal e ciência. Nesse sentido, alguns pesquisadores tentam desenvolver técnicas para abrir a caixa-preta.[9] Mas, se isso ainda não é possível ou só é possível até certo ponto, como procedemos? Acaso a questão ética se resume à escolha entre desempenho e explicabilidade?[10] Se o custo de um sistema com bom desempenho é a falta de transparência, devemos ainda assim usá-lo, ou não? Ou será que devemos tentar evitar esse problema e encontrar soluções técnicas diferentes, de modo que mesmo IAs muito avançadas sejam capazes de se explicar para aos seres humanos? Podemos treinar máquinas para fazer isso?

Não só isso, mas, mesmo se transparência for desejável *e* possível, pode ser difícil realizá-la na prática. Por exemplo, empresas privadas podem não querer revelar seus algoritmos a fim de proteger seus interesses comerciais. A legislação sobre

---

9 Wojciech Samek, Thomas Wiegand e Klaus-Robert Müller, "Explainable Artificial Intelligence: Understanding, Visualizing and Interpreting Deep Learning Models", 2017.

10 Rudina Seseri, "The Problem with 'Explainable AI'". *Tech Crunch*, 14 jun. 2018.

propriedade intelectual que protege tais interesses também pode ser um entrave. E, como veremos nos próximos capítulos, se a IA está nas mãos de corporações poderosas, isso levanta a questão de quem cria ou deveria criar as regras para a IA.

Note-se, contudo, que eticamente falando, transparência e explicabilidade não dizem respeito necessariamente, e certamente não somente, a revelar ou não o código de software. A questão diz respeito principalmente a explicar *decisões* para as pessoas. Não se trata primariamente de explicar "como isso funciona", mas de como eu, um ser humano de quem se espera a capacidade de justificar-se e agir responsavelmente, posso explicar minhas decisões. Como a IA funciona e como chegou à sua recomendação pode fazer parte dessa explicação. Além do mais, revelar um código não significa por si só dar conhecimento sobre como a IA funciona. Isso depende da formação educacional e das habilidades das pessoas. Se falta a elas o conhecimento técnico relevante, um tipo diferente de explicação é necessário. Isso não só nos lembra do problema da educação, mas leva à questão de *que tipo de explicação* é necessário e, em última instância, ao que é uma explicação.

Assim sendo, a questão da transparência e da explicabilidade também levanta interessantes questões filosóficas e científicas, tais como questões sobre a natureza da explicação.[11] O que constitui uma boa explicação? Qual é a diferença entre explicações e razões, e será que as máquinas podem oferecer algo assim? E como seres humanos realmente tomam decisões? Como explicam suas decisões? Há pesquisas sobre

---

11 Daniel S. Weld e Gagan Bansal, "The Challenge of Crafting Intelligible Intelligence". *arXiv*, 15 out. 2018.

isso em psicologia cognitiva e ciência cognitiva, que podem ser usadas para pensar sobre a IA explicável. Por exemplo, as pessoas geralmente não fornecem um encadeamento completo de relações causais; em vez disso, escolhem explicações e respondem ao que acreditam ser as crenças de quem recebe a explicação: explicações são sociais.[12] E talvez também esperemos explicações diferentes de máquinas em relação às dadas por seres humanos, pois estes frequentemente oferecem desculpas pelas suas ações, por conta de emoções. Mas, se assim fizermos, isso significa que concebemos a tomada de decisão da máquina em padrão mais alto que a tomada de decisão humana[13] e, em caso positivo, será que é assim que devemos proceder? Alguns pesquisadores falam de raciocínio em vez de explicação. Winikoff[14] chega a demandar "raciocínio baseado em valores" de IAs e outros sistemas autônomos, que deveriam ser capazes de representar valores humanos e raciocinar usando esses valores. Mas pode uma máquina "raciocinar"? E de que modo um sistema tecnológico pode realmente "usar" ou "representar" valores? Que tipo de conhecimento ele possui? Possui mesmo algum conhecimento? Possui mesmo algum entendimento? E, como Boddington[15] pergunta, seres humanos podem necessariamente articular de forma integral os seus valores mais fundamentais?

12 Tim Miller, "Explanation in Artificial Intelligence: Insights from the Social Sciences". *arXiv*, 15 ago. 2018.
13 Virginia Dignum et al., "Ethics by Design: Necessity or Curse?". *Association for the Advancement of Artificial Intelligence*, 2018.
14 M. Winikoff, "Towards Trusting Autonomous Systems", op. cit.
15 Paula Boddington, *Towards a Code of Ethics for Artificial Intelligence*. Cham: Springer, 2017.

Tais problemas são interessantes para filósofos, mas eles também têm relevância ética direta e são muito reais e práticos. Como Castelvecchi[16] coloca: abrir a caixa-preta é um problema no mundo real. Por exemplo, bancos devem explicar o motivo de negar um empréstimo; juízes devem explicar por que mandam alguém (de volta) para a prisão. Explicar decisões não é somente parte do que os seres humanos fazem quando se comunicam,[17] mas também um requisito moral. Explicabilidade é uma condição necessária para comportamentos e decisões responsáveis e consequentes. Isso parece necessário para qualquer sociedade que deseja levar seres humanos a sério, como indivíduos sociais e autônomos que buscam decidir e agir responsavelmente e que, por direito, demandam motivos e explicações para as decisões que os afetam. Não importando se a IA pode ou não fornecer *diretamente* motivos e explicações, *seres humanos* devem ser capazes de responder à pergunta: "Por quê?". O desafio para os pesquisadores da área de IA é o de, caso uma IA seja de fato utilizada para tomar decisões, garantir que a tecnologia seja construída de tal forma que seres humanos sejam capazes de, tanto quanto possível, responder a essa pergunta.

---

16 Davide Castelvecchi, "Can We Open the Black Box of AI?". *Nature*, v. 538, n. 7.623, p. 21-23, 2016.
17 Randy Goebel et al., "Explainable AI: The New 42?". CD-MAKE *2018*, Hamburgo, ago. 2018.

# [9]
# Enviesamento e sentido da vida

## Viés

Outro problema que é tanto ético como social, e também específico da IA baseada em ciência de dados (em oposição a outras tecnologias de automação), é a questão do viés. Quando uma IA toma – ou, mais precisamente, *recomenda* – decisões, pode surgir o viés: as decisões podem ser injustas ou desleais para com indivíduos ou grupos específicos. Embora o viés também possa surgir com A IA clássica – digamos, um sistema especialista usando uma árvore de decisão ou banco de dados que esteja enviesado –, a questão do viés geralmente está ligada a aplicações de aprendizado de máquina. E, ainda que problemas de enviesamento e discriminação tenham sempre estado presentes na sociedade, a preocupação é que a IA possa perpetuar esses problemas e ampliar o seu impacto.

O viés geralmente não é intencional: os desenvolvedores, usuários e outras pessoas envolvidas, tais como os administradores da empresa, muitas vezes não preveem os efeitos discriminatórios contra determinados grupos ou indivíduos. Isso acontece provavelmente porque eles não entendem o sistema de IA bem o bastante, não estão suficientemente cientes do problema do enviesamento ou mesmo de seus próprios preconceitos, ou, mais geralmente, não imaginam as potenciais consequências não intencionais da tecnologia nem refletem suficientemente sobre elas, não se preocupando em manter contato com algumas partes interessadas relevantes. Isso é problemático, pois decisões tendenciosas podem ter consequências graves, por exemplo, em termos de acesso a recursos e liberdades individuais:[1] indi-

---

1 Centre for Democracy & Technology, "Digital Decisions", 2018.

víduos podem não conseguir um emprego, podem não obter crédito, podem acabar na prisão ou podem até sofrer violência. E não só os indivíduos podem sofrer; comunidades inteiras podem ser afetadas por decisões tendenciosas, por exemplo, quando uma área inteira da cidade ou todas as pessoas com uma origem étnica específica são classificadas pela IA como representando um alto risco de segurança.

Considere novamente o caso do algoritmo COMPAS, mencionado no primeiro capítulo, que prevê se os réus são propensos a reincidir e que foi usado por juízes na Flórida em decisões de casos que determinam se a pessoa receberá ou não liberdade condicional. De acordo com um estudo da ProPublica (jornal on-line independente), os falsos positivos do algoritmo (réus previstos para reincidir, mas que na verdade não o fizeram) recaíram desproporcionalmente sobre negros, e os falsos negativos (réus previstos para não reincidir, mas que realmente reincidiram) foram desproporcionalmente brancos.[2] Os críticos argumentaram então que havia um viés contra réus negros. Outro exemplo é o PredPol, uma assim chamada ferramenta de policiamento preditivo que tem sido usada nos Estados Unidos para prever a probabilidade de crimes em áreas específicas das cidades e recomendar a alocação de recursos policiais (por exemplo, onde os policiais devem patrulhar) com base nessas previsões. Aqui, a preocupação era que o sistema apresentasse um viés contra bairros pobres e habitados por negros e latinos, ou que a vigilância policial desproporcional quebrasse a confiança entre as pessoas nessas

---

2   Hannah Fry, *Hello World: Being Human in the Age of Algorithms*. New York: W. W. Norton, 2018.

áreas, transformando a previsão do crime em uma profecia autorrealizável.[3] Mas o viés não envolve apenas justiça criminal ou policiamento; também pode significar, por exemplo, que os usuários de serviços de internet sejam discriminados se a IA os classificar desfavoravelmente.

O viés pode surgir de várias maneiras em todos os estágios de projeto, teste e aplicação. Pondo o foco sobre o design: o viés pode surgir na escolha dos dados de treinamento; na própria base de dados usada no treinamento, que pode ser pouco representativa ou incompleta; no algoritmo; nos dados fornecidos ao algoritmo uma vez que esteja treinado; em decisões baseadas em correlações espúrias (ver capítulo anterior); no grupo que cria o algoritmo; e na sociedade em geral. Por exemplo, uma base pode não ser representativa da população (por exemplo, pode ser constituída de homens brancos americanos), mas ainda assim vir a ser utilizada para prever características de toda a população (homens e mulheres de várias origens étnicas). O viés também pode ser relativo a diferenças entre países. Muitas redes neurais profundas para reconhecimento de imagem são treinadas com dados extraídos da ImageNet, que contém uma quantidade desproporcional de dados dos Estados Unidos, enquanto países como China e Índia, que representam uma parte muito maior da população mundial, contribuem com apenas uma pequena fração.[4] Isso pode levar a um viés cultural embutido na própria base de dados. De forma mais geral, as bases podem estar

---

**3** John D. Kelleher e Brendan Tierney, *Data Science*. Cambridge: MIT Press, 2018.

**4** James Zou, Londa Schiebinger, "Design AI So That It's Fair". *Nature*, v. 559, p. 324-26, 2018.

incompletas ou ser de baixa qualidade, o que pode levar a vieses. A previsão também pode ser baseada em dados insuficientes, por exemplo, no caso de previsão de assassinatos: não há tantos assassinatos assim, o que torna a generalização problemática. Outro exemplo: alguns pesquisadores se preocupam com a falta de diversidade entre os desenvolvedores de IA e as equipes de ciência de dados: os cientistas e engenheiros da computação são na maioria das vezes homens brancos de países ocidentais com idades entre vinte e quarenta anos, e sua experiência pessoal, opiniões e até preconceitos podem alimentar o processo, afetando de maneira potencialmente negativa pessoas que não se encaixam nessa descrição, como mulheres, pessoas com deficiência, idosos, pessoas não brancas e pessoas de países em desenvolvimento.

Os dados também podem ser enviesados contra grupos específicos porque o viés está embutido na prática específica ou na sociedade em geral. Considere as alegações de que a medicina usa principalmente dados de pacientes do sexo masculino e que, portanto, é tendenciosa, ou os preconceitos contra pessoas não brancas, que são predominantes na sociedade em geral. Se um algoritmo se alimentar desses dados, os resultados também serão tendenciosos. Viés na entrada, viés na saída, como colocou um editorial da *Nature* de 2016. Também foi apontado que o aprendizado de máquina pode adquirir vieses caso se alimente de informação textual oriunda da internet, uma vez que tais dados linguísticos refletem a cultura humana cotidiana, incluindo seus preconceitos.[5]

---

**5** Aylin Caliskan et al., "Semantics Derived Automatically from Language Corpora Contain Human-like Biases". *Science*, v. 356, pp. 183-86, 2017.

As bases de dados linguísticos contêm vieses de gênero, por exemplo, e a preocupação é que a IA possa, assim, perpetuar esses vieses, prejudicando ainda mais os grupos historicamente marginalizados. O viés também pode surgir se houver uma correlação, mas nenhuma relação causal. Para retomar um exemplo de justiça criminal: um algoritmo pode inferir que, se um dos pais de um réu foi preso, é mais provável que esse réu seja enviado para a prisão. Mesmo que essa correlação possa existir e mesmo que a inferência seja preditiva, parece injusto que tal réu receba uma sentença mais dura, pois não há relação causal.[6] Finalmente, o viés também pode surgir porque os tomadores de decisão humanos confiam mais na exatidão das recomendações dos algoritmos do que deveriam[7] e desconsideram outras informações, ou não exercem suficientemente seu próprio julgamento. Por exemplo, um juiz pode confiar inteiramente no algoritmo e não levar em consideração outros elementos. Como sempre acontece com a IA e outras tecnologias de automação, as decisões e a interpretação dos humanos desempenham um papel importante, e sempre há o risco de confiar demais na tecnologia.

No entanto, não está claro se é possível evitar o viés, ou até mesmo se ele deve ser evitado e, em caso afirmativo, a que custo. Por exemplo, se alterar o algoritmo de aprendizado de máquina para diminuir o risco de viés tornar suas previsões menos precisas, devemos alterá-lo? Pode haver um equilíbrio entre a eficácia do algoritmo e o combate ao

---

6   House of Commons, "Algorithms in Decision-Making". Fourth Report of Session 2017-19, HC351, 23 maio 2018.

7   Centre for Democracy & Technology, "Digital Decisions", 2018.

viés. Há também o problema de que, se certas características como raça fossem ignoradas ou removidas, os sistemas de aprendizado de máquina poderiam identificar os assim chamados *proxies* para tais características, o que também leva ao viés. Por exemplo, no caso de raça, pode ser que outras variáveis correlacionadas a raça – como o código postal da residência – sejam selecionadas pelo algoritmo. De todo modo, um algoritmo perfeitamente imparcial é possível? Não há consenso entre os filósofos ou mesmo na sociedade sobre o que é justiça ou equidade perfeita. Além disso, como observado no capítulo anterior, os conjuntos de dados usados pelos algoritmos são abstrações da realidade e resultado de escolhas humanas, jamais sendo, portanto, neutros.[8] O viés permeia nosso mundo e nossas sociedades; assim, embora muito se possa e deva fazer para minimizá-lo, os modelos de IA nunca estarão inteiramente livres do viés.[9]

Ademais, sem dúvida os algoritmos usados para tomada de decisão são *sempre* enviesados no sentido de serem discriminatórios: eles têm o propósito de discriminar entre várias possibilidades. Por exemplo, em um processo de recrutamento, a triagem de currículos deve ser enviesada e discriminatória com relação àquelas características do candidato que melhor se adequam ao cargo. A questão ética e política é se determinada discriminação é injusta e desleal. Porém, uma vez mais: visões do que são justiça e equidade diferem. Isso não apenas torna a questão do preconceito técnica, mas também

8  J. D. Kelleher e B. Tierney, *Data Science*, op. cit.
9  Digital Europe, "Recommendations on AI Policy: Towards a Sustainable and Innovation-friendly Approach", *Digitaleurope.org*, 7 nov. 2018.

a conecta a discussões políticas sobre justiça e equidade. Por exemplo, é controverso se a discriminação positiva ou a ação afirmativa, que tenta desfazer o preconceito criando um viés positivo em relação aos indivíduos ou grupos desfavorecidos, é justa. A justiça deve ser cega e imparcial – e, portanto, os algoritmos devem ser cegos quanto a raça, por exemplo –, ou justiça significa criar uma vantagem para aqueles que já estão em desvantagem, procurando (corretivamente) alcançar um equilíbrio entre parcialidade e discriminação? E deve a política, em um contexto democrático, priorizar a proteção dos interesses da maioria ou centrar-se em promover os interesses de uma minoria, mesmo que seja uma minoria histórica ou presentemente desfavorecida?

Isso nos leva à questão das medidas a serem tomadas. Mesmo se concordarmos que há viés, existem várias maneiras de lidar com o problema. Entre elas estão os meios tecnológicos, mas também educação e iniciativas políticas e sociais. A questão de quais medidas devemos tomar é controversa e depende novamente de nossa noção de justiça e equidade. Por exemplo, a assim chamada ação afirmativa levanta a questão mais geral quanto a aceitar o mundo como ele é ou moldar ativamente o mundo futuro de maneira a evitar perpetuar as injustiças do passado. Alguns argumentam que se devem usar conjuntos de dados que espelhem o mundo real. Os dados podem representar preconceitos na sociedade e o algoritmo pode modelar vieses preexistentes, mas esse não é um problema com o qual os desenvolvedores devam se preocupar. Outros argumentam que tais dados existem apenas por causa de séculos de viés, que esse viés e discriminação são injustos e desleais e que, portanto, deve-se alterar essa base ou algoritmo para promover ações afirmativas. Por exemplo, em resposta aos resultados do algoritmo de busca do Google que parecem tendenciosos contra professoras de matemática (ou seja, apresentam um viés favorável aos homens), pode-se dizer que tal fato simplesmente espelha o mundo como ele é (e que esse espelhamento é exatamente o que o algoritmo de busca deveria fazer); ou poderíamos fazer com que o algoritmo priorizasse imagens de professoras de matemática para mudar a percepção e talvez mudar o mundo.[10] Pode-se também tentar estabelecer equipes de desenvolvedores mais diversificadas em termos de formação, opinião e experiência, e que representem melhor os grupos potencialmente afetados pelo algoritmo.[11]

O espelhamento (da realidade) não funciona se os dados de treinamento não espelharem o mundo como ele é e contiverem informações antigas que já não refletem a situação atual. As decisões baseadas nesses dados ajudam a perpetuar o passado discriminatório em vez de preparar para o futuro. Além disso, outra objeção contra essa visão de espelhamento é que, mesmo que um modelo espelhe o mundo como ele é, isso poderia levar a ações discriminatórias e outros danos com relação a indivíduos e grupos específicos. Por exemplo, com base em perfis feitos por uma IA, empresas de crédito podem negar empréstimos aos solicitantes em função de onde moram, ou sites de compra on-line podem cobrar mais de alguns clientes do que de outros. Os perfis também podem acompanhar indivíduos na rede, de um domínio para outro.[12] E uma função de

---

10  H. Fry, *Hello World*, op. cit.
11  House of Commons, "Algorithms in Decision-Making", op. cit.
12  J. D. Kelleher e B. Tierney, *Data Science*, op. cit.

preenchimento automático aparentemente simples pode vincular falsamente seu nome a um crime (o que pode levar a consequências terríveis), mesmo que a IA de busca por trás disso espelhe corretamente o mundo no sentido de que a maioria das pessoas faz a busca pelo nome do criminoso em vez do seu nome. Outro exemplo de viés talvez menos óbvio: um sistema de recuperação de música usado por serviços como o Spotify, que faz recomendações com base no comportamento atual (as músicas nas quais as pessoas clicam), pode discriminar músicas e músicos menos populares. Mesmo que espelhe o mundo como ele é, isso leva a uma situação em que alguns músicos não conseguem viver de sua música, bem como a comunidades que não se sentem nem reconhecidas nem respeitadas.

Novamente, embora esses sejam casos claros de discriminação problemática, deve-se sempre perguntar: A discriminação em um caso específico é justa ou não? E, se for considerado injusta, o que pode ser feito a esse respeito e por quem? Por exemplo, o que os cientistas da computação podem fazer quanto a isso? Devem tornar os conjuntos de dados de treinamento mais diversificados, talvez até criando dados e bases "idealizadas", como Eric Horvitz (da Microsoft) sugeriu?[13] Ou as bases de dados devem espelhar o mundo? Os desenvolvedores devem incorporar a discriminação positiva em seus algoritmos, ou criar algoritmos "cegos"? A questão de como lidar com o viés na IA não é meramente técnica; é também política e filosófica. A questão é que tipo de sociedade e de mundo queremos, se devemos tentar mudá-los e, em caso afirmativo, que formas de fazê-lo são aceitáveis e justas. É também uma questão que

13 Surur, "Microsoft Aims to Lie to Their AI to Reduce Sexist Bias", 25 ago. 2017.

diz respeito tanto aos seres humanos quanto às máquinas: achamos que a tomada de decisão *humana* é justa e leal e, se não, qual é o papel da IA? Talvez a IA possa nos ensinar algo sobre seres humanos e sociedades humanas ao revelar nossos preconceitos. E discutir a ética na IA pode revelar desequilíbrios de poder social e institucional.

Assim, as discussões sobre a ética na IA tocam profundamente em questões sociais e políticas sensíveis, que estão relacionadas a questões filosóficas normativas sobre, por exemplo, justiça e equidade e a questões filosóficas e científicas sobre humanos e sociedades humanas. Uma dessas questões é o futuro do trabalho.

## O futuro do trabalho e o sentido da vida

Prevê-se que a automação baseada em IA transforme radicalmente nossas economias e sociedades, levantando questões não só sobre o futuro e o sentido do trabalho, mas também sobre o futuro e o sentido da vida humana.

Primeiro, há a preocupação de que a IA destrua empregos, talvez causando desemprego em massa. Há também a questão de que tipo de empregos serão assumidos pela IA: apenas os assim chamados empregos de colarinho azul (operários) ou também outros? Um famoso relatório de Benedikt Frey e Michael Osborne[14] prevê que 47% de todos os empregos nos Estados Unidos poderiam ser automatizados. Outros

---

**14** Carl Benedikt Frey e Michael A. Osborne, "The Future of Employment: How Susceptible Are Jobs to Computerisation?". *Working paper*, Oxford Martin Programme on Technology and Employment, University of Oxford, 2013.

têm números menos dramáticos, mas a maioria prevê que a perda de empregos será significativa. Muitos autores concordam que a economia foi e continuará sendo enormemente transformada,[15] inclusive com efeitos substanciais sobre o emprego agora e no futuro. E a perda de empregos devido à IA poderá atingir todos os tipos de trabalhadores, não apenas os operários, já que a IA é cada vez mais capaz de realizar tarefas cognitivas complexas. Se isso for verdade, como podemos preparar as novas gerações para esse futuro? O que elas devem aprender? O que elas devem fazer? E se a IA beneficiar algumas pessoas mais do que outras?

Com essa última pergunta, tocamos novamente em questões de justiça e equidade, que têm ocupado pensadores da filosofia política há muito, muito tempo. Se a IA criasse um fosso ainda maior entre ricos e pobres, por exemplo, isso seria justo? E, se for injusto, o que pode ser feito a respeito? Pode-se também abordar o problema em termos de desigualdade (a IA aumentará a desigualdade nas sociedades e no mundo?) ou em termos de vulnerabilidade: desfrutarão dos benefícios da IA apenas aqueles que têm emprego, os ricos e educados em países mais avançados tecnologicamente, enquanto os desempregados, pobres e menos educados dos países em desenvolvimento estarão mais vulneráveis aos seus impactos negativos?[16] E para retomar uma preocupação ética e política mais recente: E a justiça ambiental? Qual é o impacto da IA

---

**15** Erik Brynjolfsson e Andrew McAfee, *The Second Machine Age*. New York: W. W. Norton, 2014.

**16** Philip Jansen et al., "State-of-the-ArtReview". Submetido à Comissão Europeia em 13 abr. 2018. Relatório para o Projeto SIENNA, um programa de pesquisa e inovação da UE H2020 sob o acordo de concessão n. 741.716, 2018.

no meio ambiente e na nossa relação com ele? O que significa "IA sustentável"? Há também a questão de se a ética e a política da IA devem tratar apenas dos valores e interesses dos seres humanos ou não (ver o capítulo 12). Outra questão mais existencial diz respeito ao sentido do trabalho e da vida humana. A preocupação com a destruição do emprego pressupõe que o trabalho é o único valor e a única fonte de renda e sentido. Mas, se os empregos são a única coisa de valor, então provavelmente deveríamos criar mais doenças mentais, fumar mais e nos tornarmos mais obesos, já que esses problemas tendem a criar empregos.[17] Não queremos isso. Claramente, pensamos que outros valores são mais importantes do que a criação de empregos em si. E por que contar com empregos para obter renda e sentido? Poderíamos organizar nossas sociedades e economias de uma maneira diferente. Poderíamos desvincular trabalho de renda, ou melhor, o que consideramos "trabalho" do que consideramos renda. Muitas pessoas fazem trabalho não remunerado no lar e no cuidado de crianças e idosos. Por que isso não é "trabalho"? Por que seria menos significativo fazer esse tipo de trabalho? E por que não o tornamos uma fonte de renda? Além disso, algumas pessoas pensam que a automação pode nos dar mais do que hoje se chama lazer. Talvez possamos fazer coisas mais prazerosas e criativas, não necessariamente na forma de um emprego. Podemos, em outras palavras, questionar a ideia de que uma vida significativa é apenas uma vida gasta fazendo um trabalho remunerado – algo pré--estruturado por outros ou na forma do que se conhece por

---

**17** Agradeço a Bill Price pelo experimento mental.

trabalho autônomo. Talvez possamos impor medidas como "renda básica" para permitir que todos façam o que acham que é significativo. Assim, em resposta ao problema do futuro do trabalho, podemos pensar sobre o que torna o trabalho significativo, que tipo de trabalho os seres humanos devem (ter permissão para) fazer e como podemos reorganizar nossas sociedades e economias de tal forma que a renda não seja limitada a trabalho e emprego.

Dito isso, até agora as ideias utópicas sobre sociedades do ócio e outros paraísos pós-industriais não foram realizadas. Já tivemos várias ondas de automação desde o século XIX até agora, mas até que ponto as máquinas nos liberaram e emanciparam? Talvez elas tenham assumido parte do trabalho sujo e perigoso, mas também foram usadas para exploração e não mudaram radicalmente a estrutura hierárquica da sociedade. Alguns se beneficiaram enormemente da automação, enquanto outros não. Talvez as fantasias de não ter emprego sejam um luxo reservado apenas para quem está do lado dos "vencedores". Acaso as máquinas nos libertaram para termos vidas mais significativas? Ou elas ameaçam a própria possibilidade de tais vidas? Esta é uma discussão de longa data e não há respostas fáceis para essas perguntas, mas as preocupações levantadas são boas razões para pelo menos ser cético em relação ao admirável mundo novo pintado pelos profetas da IA.

Mais do que isso, talvez o trabalho não seja necessariamente um fardo que precise ser evitado ou uma exploração a que devamos resistir; outra perspectiva seria a de que o trabalho tem valor, dá propósito e sentido ao trabalhador, e traz vários benefícios, como conexões sociais, pertencimento a algo maior, saúde e oportunidades para exercer responsabilidade.[18] Se for esse o caso, talvez devêssemos reservar o trabalho para os seres humanos – ou pelo menos alguns tipos de trabalho, trabalho que tenha um propósito e ofereça oportunidades para que esses benefícios sejam realizados. Ou pelo menos algumas tarefas. A IA não precisa assumir todo o trabalho, mas pode assumir algumas tarefas menos significativas. Podemos colaborar com as IAS. Por exemplo, podemos optar por não delegar trabalho criativo a IAS (algo que Bostrom propõe) ou podemos optar por colaborar com as IAS para fazer coisas criativas. A preocupação aqui pode ser que, se as máquinas assumirem tudo o que fazemos agora na vida, não sobraria nada para fazermos e veríamos nossa vida sem sentido. No entanto, este é um grande "se": tendo em mente o ceticismo sobre o que a IA pode fazer (veja o capítulo 3) e o fato de muitas das nossas atividades não serem "trabalho", mas serem, pelo contrário, muito significativas, provavelmente teremos coisas em abundância às quais nos dedicarmos. A questão então não é o que os seres humanos farão quando todo o seu trabalho e atividades forem realizados por máquinas, mas sim quais tarefas queremos ou precisamos reservar para os seres humanos e quais poderiam ser os papéis da IA, se houver algum, para nos apoiar nessas tarefas de maneiras eticamente boas e socialmente aceitáveis.

Para concluir, a ética na IA nos faz pensar sobre o que é uma sociedade boa e justa, o que é uma vida humana significativa e qual papel a tecnologia tem ou poderia ter com relação a isso. A filosofia, incluindo a filosofia antiga, pode

---

**18** Paula Boddington, "The Distinctiveness of AI Ethics, and Implications for Ethical Codes". *Ethics for Artificial Intelligence*. New York, 9 jul. 2016.

muito bem ser uma fonte de inspiração para pensar sobre as tecnologias atuais e seus problemas éticos e sociais, potenciais e reais. Se a IA levanta essas antigas questões sobre a vida boa e significativa uma vez mais, temos recursos em várias tradições filosóficas e religiosas que podem nos ajudar a abordar essas questões. Por exemplo, como Shannon Vallor[19] argumentou, a tradição da ética da virtude desenvolvida por Aristóteles, Confúcio e outros pensadores antigos ainda pode nos ajudar hoje a refletir sobre o que é e deve ser o florescimento humano em uma era tecnológica. Em outras palavras, talvez já tenhamos respostas para essas perguntas, mas precisamos nos esforçar para pensar sobre o que significa uma boa vida no contexto das tecnologias atuais, incluindo a IA.

No entanto, a ideia de desenvolver "uma ética de IA para uma vida boa" e uma ética de IA para o mundo real em geral enfrenta vários problemas. O primeiro é a *velocidade*. O modelo de ética da virtude que a filosofia ocidental herdou de Aristóteles pressupõe uma sociedade em mudança lenta, na qual a tecnologia não muda tão rapidamente e na qual as pessoas têm tempo para aprender a sabedoria prática; não está claro como tal modelo pode ser usado para lidar com uma sociedade em rápida mudança[20] e com o acelerado desenvolvimento de tecnologias como a IA. Ainda dispomos de tempo para fazer frente a esses desafios, desenvolvendo e compartilhando sabedoria prática com relação ao uso de tecnologias como a IA? A ética chega tarde demais? Quando a coruja de

---

**19** S. Vallor, *Technology and the Virtues*. New York: Oxford University Press, 2016.

**20** P. Boddington, "The Distinctiveness of AI Ethics, and Implications for Ethical Codes", op. cit.

Minerva finalmente abrir suas asas, o mundo já pode ter sido alterado a ponto de não o reconhecermos. Qual é e qual deve ser o papel de tal ética no contexto dos desenvolvimentos do mundo real?

Em segundo lugar, dada a diversidade e pluralidade de pontos de vista sobre isso dentro das sociedades e as diferenças culturais entre elas, as questões sobre a vida boa e significativa com a tecnologia podem ser respondidas de forma diferente em diferentes lugares e contextos, estando, na prática, sujeitas a todo tipo de processos políticos que podem ou não terminar em consenso. Reconhecer essa diversidade e pluralidade pode levar a uma abordagem mais pluralista. Pode também assumir a forma de um relativismo. A filosofia e a teoria social do século XX, especialmente o chamado pós-modernismo, levantaram muito ceticismo em relação às respostas que se apresentam como universais, embora tenham surgido de determinado contexto geográfico, histórico e cultural (por exemplo, "o Ocidente") e em relação a interesses particulares e relações de poder. Também foi questionado se a política deve visar ao consenso (ver o trabalho de Chantal Mouffe);[21] o consenso é sempre desejável, ou o embate agonístico sobre o futuro da IA pode também trazer alguns benefícios? Ademais, há também um problema envolvendo *poder*: pensar em ética no mundo real significa pensar não apenas sobre *o que* precisa ser feito em relação à IA, mas também sobre *quem* vai e deve decidir sobre o futuro da IA e, portanto, sobre o futuro de nossa sociedade. Consideremos novamente as

---

21 Por exemplo, Chantal Mouffe, *Agonistics: Thinking the World Politically*. London: Verso, 2013.

questões do totalitarismo e do poder das grandes corporações. Se rejeitarmos o totalitarismo e a plutocracia, o que significa a tomada de decisão democrática em relação à IA? Que tipo de conhecimento sobre a IA é necessário por parte de políticos e cidadãos? Se houver bem pouca compreensão da IA e de seus problemas potenciais, enfrentamos o perigo da tecnocracia ou, simplesmente, de não termos nenhuma política para IA. No entanto, como mostra o próximo capítulo, pelo menos um dos processos políticos relevantes envolvendo a IA que surgiram recentemente parece oportuno. Também é proativo, visa ao consenso, mostra um grau surpreendente de convergência, parece aderir a uma espécie de universalismo sem cerimônia, baseia-se no conhecimento especializado e, pelo menos, fala bem dos ideais da democracia, servindo ao bem e ao interesse público e envolvendo todas as partes interessadas: refiro-me à formulação de políticas de IA.

# [10]
# Propostas de políticas

# O que precisa ser feito e outras questões a que formuladores de políticas têm de responder

Dados os problemas éticos com a IA, é evidente que algo deve ser feito. A maioria das iniciativas rumo a políticas para IA, portanto, incluem ética na IA. Hoje, há diversas iniciativas nessa área e isso deve ser aplaudido. Contudo, não é claro *o que* deve ser feito e qual é exatamente o curso de ação a ser tomado. Por exemplo, não é óbvio como lidar com a transparência ou com o viés, dado o estado das tecnologias, os vieses presentes na sociedade e as visões divergentes sobre justiça e imparcialidade. Há também muitas medidas possíveis para escolher: política pode significar regulação por meio de leis e diretrizes, por assim dizer, regulamentação jurídica; mas também há outras estratégias que podem ou não estar conectadas com a regulamentação jurídica, como medidas tecnológicas, códigos de ética e educação. E no âmbito das regulações não há só leis, mas também padrões, como as normas ISO. Além disso, outras questões também precisam ser respondidas em propostas de políticas: não só *o que* deve ser feito, mas também *por que* deve ser feito, *quando* deve ser feito, *quanto* deve ser feito, *por quem* deve ser feito e qual é a *natureza, extensão* e *urgência do problema*.

Primeiramente, é importante justificar as medidas propostas. Por exemplo, uma proposta pode recorrer a princípios de direitos humanos para justificar a proposição de reduzir o viés da tomada de decisão algorítmica. Em segundo lugar, em resposta ao desenvolvimento tecnológico, políticas muitas vezes chegam tarde demais, quando a tecnologia

136

já está difundida na sociedade. Em vez disso, pode-se tentar implementar políticas antes de a tecnologia estar totalmente desenvolvida e sendo utilizada. Para a IA isso ainda é possível, até certo ponto, embora já exista muita IA por aí. A dimensão do tempo também é relevante em relação ao escopo temporal da política: ela só diz respeito aos próximos cinco ou dez anos, ou será uma estrutura com vistas ao longo prazo? Aqui precisamos fazer escolhas. Por exemplo, podem-se desconsiderar previsões de longo prazo e ter como foco o futuro próximo, como a maioria das propostas fazem, ou pode-se oferecer uma visão de futuro para a humanidade. Em terceiro lugar, nem todos concordam que para solucionar os problemas é necessária uma grande quantidade de medidas novas. Algumas pessoas e organizações têm argumentado que a legislação atual é suficiente para lidar com a IA. Se esse for o caso, parece que não é necessário muito da parte dos legisladores, mas que há mais a ser feito por quem interpreta as leis e desenvolve a IA. Outros entendem que precisamos repensar fundamentalmente a sociedade e suas instituições, incluindo nossos sistemas jurídicos, para lidar com problemas latentes e preparar as futuras gerações. Em quarto lugar, uma proposta de política deve ser clara quanto a quem deve agir. Pode ser não apenas um ator, mas mais de um. Como vimos, há muitas mãos envolvidas em qualquer ação tecnológica. Isso levanta a questão de como repartir a responsabilidade por políticas e mudanças: são principalmente os governos que devem agir, ou são as empresas e indústrias, por exemplo, que devem estabelecer seus próprios cursos de ação para garantir uma IA ética? Quando se trata de negócios, deve-se dar foco só a grandes corporações, ou também a empresas de pequeno e médio porte? E qual é o papel individual de cientistas e engenheiros (da computação)? Qual o papel dos cidadãos?

Em quinto lugar, o que deve ser feito, o quanto deve ser feito e outras questões cruciais dependem de como se definem a natureza, a extensão e a urgência do problema em si. Há a tendência em políticas tecnológicas (e certamente em ética na IA) de ver problemas novos em todo lugar. Contudo, vimos no capítulo anterior que muitos problemas podem não ser exclusivos de uma nova tecnologia, mas talvez já existissem muito antes. Além do mais, como a discussão sobre o viés igualmente tem mostrado, o que nos propomos a fazer também depende de como definimos o problema: É um problema de justiça? Se for, que tipo de justiça está ameaçada? A definição moldará as medidas propostas. Por exemplo, se são sugeridas medidas de ações afirmativas, então a origem da proposta vem de uma definição específica do problema. Finalmente, a própria definição de IA também tem um papel nessa discussão, definição esta que é sempre contestável e importante para o escopo das políticas. Por exemplo, é possível e desejável traçar uma distinção clara entre IA e algoritmos autônomos inteligentes, ou entre IA e tecnologias de automação? Todas essas questões tornam a construção de políticas públicas para IA uma atividade potencialmente controversa. E, de fato, encontramos muitas discordâncias e tensões, por exemplo, sobre o quanto seria necessário ter uma nova legislação, sobre a que princípios recorrer, exatamente, para justificar medidas, e sobre a questão de se a ética deve ser contrabalançada por outras considerações (por exemplo, competitividade das empresas e da economia). Contudo, se considerarmos os documentos sobre as políticas existentes, também encontraremos um notável grau de convergência.

## Princípios éticos e justificativas

A intuição amplamente partilhada de que é urgente e importante lidar com os desafios éticos e sociais levantados pela IA tem levado a uma avalanche de iniciativas e documentos administrativos que não somente identificam alguns problemas éticos com a IA, mas também almejam fornecer uma orientação normativa para a elaboração de políticas. Há uma série de atores propondo políticas para IA com elementos de ética, entre os quais governos e órgãos governamentais, tais como comitês nacionais de ética, empresas de tecnologia – como a Google –, engenheiros e suas organizações profissionais – tais como o Instituto de Engenheiros Eletricistas e Eletrônicos (IEEE) –, organizações intergovernamentais, como a União Europeia, atores não governamentais e sem fins lucrativos, além de pesquisadores.

Revisando algumas iniciativas e propostas, vê-se que a maioria dos documentos começa com a justificativa da política, articulando princípios para, então, apresentar algumas recomendações com relação aos problemas éticos identificados. Como veremos, esses *problemas e princípios* são muito similares. Frequentemente, as iniciativas partem de princípios éticos gerais e princípios extraídos de códigos de ética profissionais. Revisemos algumas propostas.

A maioria das propostas rejeita o cenário de ficção científica em que máquinas superinteligentes assumem o controle. Por exemplo, durante a presidência de Obama, o governo dos

Estados Unidos publicou o relatório "Preparing for the Future of Artificial Intelligence", alegando explicitamente que a preocupação de longo prazo sobre uma IA geral superinteligente "deve ter pouco impacto nas políticas atuais".[1] Em vez disso, o relatório discute problemas atuais e de um futuro próximo levantados pelo aprendizado de máquina, como o viés e o problema de que até mesmo os desenvolvedores possivelmente não entendam suficientemente bem os seus sistemas, a ponto de prevenir tais consequências. O relatório enfatiza que a IA é benéfica para a inovação e o crescimento econômico, enfatizando a autorregulação, mas diz que o governo dos Estados Unidos pode monitorar a segurança e a justiça das aplicações e, se necessário, adaptar estruturas regulatórias.

Muitos países europeus agora têm estratégias para IA que incluem um componente ético. A "IA explicável" é um objetivo compartilhado por muitos formuladores de políticas. A Câmara dos Comuns do Reino Unido[2] diz que transparência e direito à explicação são peças-chave para a responsabilização algorítmica e que indústrias e agências reguladoras devem tratar da tomada de decisão algorítmica enviesada. A Comissão Especial da Câmara dos Lordes sobre IA também examina as implicações éticas da IA. Na França, o relatório Villani propõe trabalhar rumo a uma "IA significativa" que não reforce problemas de exclusão, não aumente a desigualdade ou não nos leve para uma sociedade na qual somos governados por

---

1 Executive Office of the President, National Science and Technology Council Committee on Technology, "Preparing for the Future of Artificial Intelligence". Washington, DC: Office of Science and Technology Policy (OSTP), 2016, p. 8.
2 House of Commons, "Algorithms in Decision-Making". Fourth Report of Session 2017-19, HC351, 23 maio 2018.

algoritmos caixa-preta. A IA deve ser explicável e ambientalmente amigável.[3] A Áustria recentemente montou um conselho consultivo nacional dedicado a robótica e IA,[4] que fez recomendações de políticas com base em direitos humanos, justiça e imparcialidade, inclusão e solidariedade, democracia e participação, não discriminação, responsabilidade e valores similares. O relatório governamental austríaco também recomenda a IA explicável e explicitamente aponta que a responsabilidade permanece com os humanos; a IA não pode ser moralmente responsável.[5] Organizações e conferências internacionais também são muito ativas. Por exemplo, a Conferência Internacional de Comissários de Proteção de Dados e Privacidade publicou uma declaração sobre ética e proteção de dados em IA incluindo princípios de imparcialidade, responsabilidade, transparência e inteligibilidade, design responsável e privacidade desde a concepção [*privacy by design*] (conceito que prega levar a privacidade em conta ao longo de todo o processo de engenharia), o empoderamento dos indivíduos e a redução e mitigação de vieses ou discriminação.[6]

Alguns formuladores de políticas estruturam seus objetivos em termos de uma "IA confiável". A Comissão Europeia, por exemplo, sem dúvida um dos grandes atores globais na

---

3 Cédric Villani, *For a Meaningful Artificial Intelligence: Towards a French and European Strategy*. Composição de uma missão parlamentar de 8 set. 2017 a 8 mar. 2018, designada pelo Primeiro-Ministro da França, Èdouard Philippe.
4 Cf. acrai.at.
5 Austria Council on Robotics and Artificial Intelligence, "Die Zukunft Österreichs mit Robotik und Künstlicher Intelligenz positive gestalten", *White paper*. Österreichischen Rats für Robotik und Künstliche Intelligenz, 2018.
6 International Conference of Data Protection and Privacy Commissioners, "Declaration on Ethics and Data Protection in Artificial Intelligence", 2018.

área de políticas para a IA, coloca muita ênfase no termo. Em abril de 2018, ela montou um novo grupo de especialistas de alto nível em inteligência artificial para criar um novo conjunto de diretrizes para IA; em dezembro de 2018, o grupo lançou um esboço de documento de trabalho com diretrizes éticas que invocam uma abordagem da IA centrada no ser humano e o desenvolvimento de uma "IA confiável", que respeita direitos fundamentais e princípios éticos. Os direitos mencionados são: dignidade humana; liberdade do indivíduo; respeito pela democracia, a justiça e o Estado de Direito; e direitos civis. Os princípios éticos são: beneficência (fazer o bem) e não maleficência; autonomia (preservar a agência humana); justiça (ser imparcial); e explicabilidade (operar com transparência). Esses princípios advêm da bioética, mas o documento adiciona explicabilidade e inclui interpretações que destacam os problemas éticos específicos levantados pela IA. Por exemplo, o princípio da não maleficência é interpretado como um requisito de que os algoritmos da IA evitem discriminação, manipulação e construção prejudicial de perfis, devendo proteger grupos vulneráveis como crianças e imigrantes. O princípio de justiça é interpretado como incluindo a demanda de que desenvolvedores e implementadores de IA garantam que indivíduos e grupos minoritários se mantenham livres de vieses. O princípio da explicabilidade é visto como a necessidade de que sistemas de IA sejam auditáveis e "compreensíveis e inteligíveis para seres humanos em diferentes níveis de compreensão e especialização".[7] A versão final,

---

7 European Commission High-Level Expert Group on Artificial Intelligence, "Draft Ethics Guidelines for Trustworthy AI: Working Document

divulgada em abril de 2019, especifica que a explicabilidade não diz somente respeito a explicar o processo técnico, mas também às decisões humanas em questão.[8]

Anteriormente outro órgão consultivo da União Europeia, o Grupo Europeu de Ética na Ciência e Novas Tecnologias divulgou uma declaração sobre IA, robótica e sistemas autônomos em que propõe os princípios da dignidade humana, autonomia, responsabilidade, justiça, igualdade, solidariedade, democracia, Estado de Direito, responsabilização,[9] precaução, segurança, proteção de dados, privacidade e sustentabilidade. Diz-se que o princípio da dignidade humana implica que as pessoas precisam estar cientes de que estão interagindo com uma máquina ou com outro ser humano.[10] Note-se também que a União Europeia já possui regulamentações vigentes para o desenvolvimento e para o uso da IA. O Regulamento Geral de Proteção de Dados (GDPR), que foi promulgado em maio de 2018, almeja proteger e empoderar todos os cidadãos da União Europeia com respeito à privacidade de dados. Inclui princípios como o direito de ser esquecido (o titular dos dados pode pedir que seus dados sejam apagados e deixem de ser processados) e a privacidade desde a concepção. Isso também dá ao titular dos dados o

for Stakeholders". *Working document*, 18 dez. 2018. Brussels: European Commission, p. 10. [N. T.: Trata-se do grupo de especialistas de alto nível em IA da Comissão Europeia].

8 Ibid., p. 18.

9 O termo *accountability* é traduzido aqui por "responsabilização" ou "auditabilidade", dependendo do contexto. [N. T.]

10 European Group on Ethics in Science and New Technologies, "Statement on Artificial Intelligence, Robotics and 'Autonomous' Systems". Brussels: European Commission, 2018.

direito de acessar "informações significativas sobre a lógica envolvida" na tomada de decisão automatizada e informações sobre as "consequências esperadas" de tal processamento.[11] A diferença com relação aos documentos administrativos é que aqui os princípios são requisitos jurídicos. São legislação imposta: organizações que violarem o GDPR podem ser multadas. Contudo, tem sido questionado se as provisões do GDPR conduzem a um direito completo de explicação de uma decisão[12] e, de modo mais geral, se oferecem proteção suficiente contra os riscos da tomada de decisão automatizada.[13] O GDPR oferece o direito de ser informado sobre a tomada de decisão automatizada, mas não parece demandar uma explicação sobre a base lógica para qualquer decisão individual. Isso também é uma preocupação quando se fala de tomada de decisão na esfera jurídica. Um estudo do Conselho Europeu, com base em trabalho de um comitê de especialistas em direitos humanos, exigiu que um indivíduo tenha o direito a um julgamento justo e ao devido processo legal, expressos em termos compreensíveis para si.[14]

11 European Parliament and the Council of the European Union, "General Data Protection Regulation (GDPR)", 2016.

12 Digital Europe, "Recommendations on AI Policy: Towards a Sustainable and Innovation-friendly Approach". *Digitaleurope.org*, 7 nov. 2018

13 Sandra Wachter, Brent Mittelstadt e Luciano Floridi, "Why a Right to Explanation of Automated Decision-Making Does Not Exist in the General Data Protection Regulation". *International Data Privacy Law*, 2017.

14 Karen Yeung, "A Study of the Implications of Advanced Digital Technologies (Including AI Systems) for the Concept of Responsibility within a Human Rights Framework". Estudo encomendado pelo Comitê de especialistas em dimensões de direitos humanos do processamento automatizado de dados e diferentes formas de inteligência artificial do Conselho da Europa, 2018.

Discussões jurídicas são, com certeza, altamente relevantes para discussões sobre ética na IA e sobre políticas para IA. Turner[15] tratou de comparações com animais (como são e têm sido tratados pela lei e se têm direitos) e revisou vários instrumentos jurídicos quanto ao que eles podem significar para a IA. Por exemplo, quando algum dano foi causado, a questão da negligência diz respeito a se uma pessoa tinha o dever de cuidar para prevenir esse dano, mesmo que não tenha sido intencional. Isso poderia ser aplicado a quem projetou ou treinou a IA. Mas quão fácil é antever as consequências da IA? Comparativamente, o direito penal requer uma intenção de causar prejuízo. Mas esse frequentemente não é o caso com a IA. A responsabilidade pelo produto, por outro lado, não diz respeito à culpa dos indivíduos, mas obriga a empresa que produziu o item a pagar pelos danos, independentemente de culpa. Isso pode ser uma possível solução para a responsabilidade jurídica pela IA. Leis de propriedade intelectual também são relevantes para a IA, como direitos autorais e patentes, e tem havido discussões sobre a "personalidade jurídica" da IA, uma ficção jurídica, mas um instrumento atualmente aplicado a casos de empresas e várias organizações. Isso também deve ser aplicado à IA? Em uma controversa resolução de 2017, o Parlamento Europeu sugeriu que dar aos mais sofisticados robôs autônomos o status de pessoas eletrônicas é uma das possíveis soluções jurídicas para a questão da responsabilidade jurídica – uma ideia que não foi adotada pela Comissão Europeia na sua

---

15 Jacob Turner, *Robot Rules: Regulating Artificial Intelligence*. Cham: Palgrave Macmillan, 2019.

estratégia para IA de 2018.[16] Outros têm se oposto agressivamente à ideia de dar direitos e pessoalidade às máquinas, argumentando, por exemplo, que se tornaria difícil ou mesmo impossível responsabilizar quem quer que seja, pois as pessoas irão explorar o conceito para fins egoístas.[17] Há também o famoso caso de Sophia, um robô que recebeu "cidadania" da Arábia Saudita em 2017. Tal caso levanta novamente a questão sobre o status moral dos robôs e das IAs (ver capítulo 4).

Políticas para a IA também têm sido propostas para além da América do Norte e da Europa. A China, por exemplo, também possui uma estratégia nacional para a IA. Seu plano de desenvolvimento reconhece que a IA é uma tecnologia disruptiva que pode afetar a estabilidade social, impactar as leis e a ética social, violar a privacidade pessoal e criar riscos de segurança; com isso, o plano recomenda fortalecer a prevenção voltada para o futuro e a minimização de riscos.[18] Alguns atores no Ocidente constroem uma narrativa de competição: temem que a China venha a nos dominar ou até que estejamos nos aproximando de uma nova guerra mundial. Outros tentam *aprender* com a estratégia da China. Pesquisadores também podem questionar como diferentes culturas lidam de diferentes maneiras com a IA. A própria pesquisa em IA pode

---

**16** A resolução pode ser acessada no site European Parliament, documento A8-0005/2017.

**17** Joanna Bryson, Mihailis E. Diamantis e Thomas D. Grant, "Of, For, and By the People: The Legal Lacuna of Synthetic Persons". *Artificial Intelligence & Law*, v. 25, n. 3, pp. 273-91, 2017.

**18** State Council of China, "New Generation Artificial Intelligence Development Plan", 2017.

contribuir para adotarmos uma perspectiva mais multicultural ou comparativa para a ética na IA, por exemplo, quando ela nos lembra das diferenças entre culturas individualistas e coletivistas tão logo os dilemas morais entram em causa.[19] Isso pode levantar problemas para a ética na IA se ela almeja ser universal. Pode-se também explorar como as narrativas sobre a IA na China ou no Japão, por exemplo, diferem das narrativas ocidentais. Ainda assim, apesar das diferenças culturais, é possível notar que as diretrizes governamentais para a ética em IA são muito similares. Mesmo que os planos da China deem maior ênfase à estabilidade social e ao bem coletivo, os riscos éticos identificados e os princípios mencionados não são tão diferentes assim daqueles propostos pelos países ocidentais.

Porém, como mencionado anteriormente, as políticas sobre ética na IA não estão só restritas aos governos e seus comitês e órgãos. Acadêmicos também têm tomado iniciativas. Por exemplo, a Declaração de Montreal para IA Responsável foi proposta pela Universidade de Montreal e envolveu consultas a cidadãos, especialistas e outras partes interessadas. Ela diz que o desenvolvimento da IA deve promover o bem-estar de todas as criaturas sencientes e a autonomia dos seres humanos, eliminar todos os tipos de discriminação, respeitar a privacidade pessoal, nos proteger da propaganda e da manipulação, promover o debate democrático e atribuir a vários atores a responsabilidade de trabalhar contra os riscos da IA.[20]

---

**19** Edmond Awad et al., "The Moral Machine Experiment". *Nature*, n. 563, pp. 59-64, 2018.
**20** Université de Montréal, "Montréal Declaration Responsible AI", 2017.

Outros pesquisadores têm proposto o princípio da beneficência, não maleficência, autonomia, justiça e explicabilidade.[21] Universidades como Cambridge e Stanford trabalham com ética na IA, frequentemente sob uma perspectiva da ética aplicada. Pessoas que trabalham com ética profissional também realizam um trabalho útil. Por exemplo, o centro Markkula de Ética Aplicada da Universidade de Santa Clara apresentou várias teorias éticas como um conjunto de ferramentas para a prática da tecnologia e da engenharia, o que também pode fornecer elementos para a ética na IA. E filósofos da tecnologia recentemente têm mostrado muito interesse em IA.

Também encontramos iniciativas sobre ética na IA no mundo corporativo. Por exemplo, a Parceria em IA inclui empresas como a DeepMind, a IBM, a Intel, a Amazon, a Apple, a Sony e o Facebook.[22] Muitas companhias reconhecem a necessidade de uma IA ética. Por exemplo, o Google publicou princípios éticos para a IA: promover benefício social, evitar a criação ou o reforço de vieses injustos, impor segurança, manter formas de responsabilização, manter a privacidade desde a concepção, promover a excelência científica e limitar aplicações potencialmente danosas ou abusivas, como armas ou tecnologias que violem princípios de leis internacionais ou direitos humanos.[23] A Microsoft fala de "uma IA para o bem" e propõe os princípios de justiça, confiabilidade e proteção, privacidade e segurança, inclu-

---

21 Luciano Floridi et al., "AI4People: An Ethical Framework for a Good AI Society: Opportunities, Risks, Principles, and Recommendations". *Minds and Machines*, v. 28, n. 4, pp. 689-707, 2018.

22 Cf. partnershiponai.org.

23 Sundar Pichai, "AI at Google: Our Principles". *The Keyword*, 7 jun. 2018.

são, transparência e responsabilização.[24] A Accenture propôs princípios universais de ética de dados, incluindo o respeito às pessoas responsáveis pelos dados, a privacidade, a inclusão e a transparência. E, apesar de em documentos corporativos a ênfase estar na autorregulação, algumas empresas reconhecem a necessidade de regulação externa. O CEO da Apple, Tim Cook, disse que a regulamentação da tecnologia é inevitável para garantir privacidade, por exemplo, uma vez que o livre mercado não está funcionando. Porém há controvérsias sobre se isso necessita de regulação nova. Alguns apoiam o caminho da regulação, incluindo novas leis. A Califórnia já propôs um projeto de lei que exige a revelação de *bots*: é ilegal usar um *bot* se isso for feito de tal modo que outra pessoa se engane sobre sua identidade artificial.[25] Outros tomam uma posição mais conservadora. A Digital Europe,[26] representante da indústria digital na Europa, tem defendido que a estrutura jurídica atual está equipada para tratar de preocupações relacionadas à IA, incluindo vieses e discriminação, mas que, para construir confiança, transparência, explicabilidade e interpretabilidade, é importante que tanto pessoas quanto organizações entendam quando e como se usam algoritmos na tomada de decisão, sendo necessário fornecer informações significativas e facilitar a interpretação de decisões algorítmicas.

Organizações sem fins lucrativos também desempenham um papel nessa discussão. Por exemplo, a campanha internacional "Stop Killer Robots" levanta muitas questões éticas

---

24 Cf. página Empowering responsible AI practices, da Microsoft, online.
25 Ver site da California Legislative Information, Senate Bill, n. 1001, chapter 892.
26 Digital Europe, "Recommendations on AI Policy", op. cit.

sobre as aplicações militares da IA.[27] De uma perspectiva transumanista, há também os princípios para a IA de Asilomar, consolidados por participantes da academia e da indústria em uma conferência convocada pelo Future of Life Institute (Max Tegmark e outros). O objetivo geral é manter a IA como benéfica e respeitar princípios e valores éticos, como segurança, transparência, responsabilidade, alinhamento de valores, privacidade e controle humano.[28] Há também organizações profissionais que trabalham com políticas para a IA. O Instituto de Engenheiros Eletricistas e Eletrônicos (IEEE), que alega ser a maior organização profissional técnica do mundo, propôs a Iniciativa Global sobre Ética de Sistemas Autônomos e Inteligentes. Depois de discussões entre especialistas, a iniciativa produziu um documento com uma visão de "projetos eticamente alinhados", defendendo que o projeto, o desenvolvimento e a implementação de tais tecnologias devem ser guiados por princípios gerais de direitos humanos, bem-estar, responsabilidade, transparência e alerta para usos indevidos. Incorporar a ética em padrões técnicos globais pode ser um modo efetivo de contribuir para o desenvolvimento de uma IA ética.

## Soluções tecnológicas e a questão de métodos e operacionalização

A Iniciativa Global do IEEE mostra que, em termos de medidas, alguns documentos administrativos possuem foco em solu-

---

**27** Cf. stopkillerrobots.org.
**28** Cf. futureoflife.org/ai-principles.

ções tecnológicas. Por exemplo, como mencionado no capítulo anterior, alguns pesquisadores argumentam a favor de uma IA explicável, para que se abra a caixa-preta. Há boas razões para se querer fazer isso: explicar a lógica por trás de uma decisão não é apenas eticamente necessário, mas também é um importante aspecto da inteligência humana.[29] A ideia de uma IA explicável ou transparente se refere, então, à necessidade de as ações e decisões das IAs serem facilmente inteligíveis. Como vimos, essa ideia é difícil de implementar no caso de aprendizado de máquina que usa redes neurais.[30] Mas, obviamente, políticas podem auxiliar a pesquisa nessa direção.

De modo geral, é uma ideia excelente incorporar ética no projeto de novas tecnologias. Ideias como ética desde a concepção [*ethics by design*], projeto sensível a valores, que possuem suas próprias histórias,[31] podem nos ajudar a criar IA de tal modo que nos conduza a mais responsabilização e transparência. Por exemplo, a ética desde a concepção poderia incluir o requisito de que a rastreabilidade seja garantida em todas as fases,[32] contribuindo então para a auditabilidade da IA. A ideia de rastreabilidade pode ser tomada literalmente, com o sentido de registrar dados sobre o comportamento do

---

**29** Wojciech Samek, Thomas Wiegand e Klaus-Robert Müller, "Explainable Artificial Intelligence: Understanding, Visualizing and Interpreting Deep Learning Models", 2017.

**30** Randy Goebel et al., "Explainable AI: The New 42?", CD-MAKE 2018, Hamburgo, ago. 2018.

**31** Considere pessoas como Batya Friedman e Helen Missenbaum nos Estados Unidos e posteriormente Jeroen van den Hoven e outros nos Países Baixos, que têm defendido o projeto ético da tecnologia há algum tempo.

**32** Virginia Dignum et al., "Ethics by Design: Necessity or Curse?". *Association for the Advancement of Artificial Intelligence*, 2018.

sistema. Winfield e Jirotka[33] defenderam a implementação de uma "caixa-preta ética" em robôs e sistemas autônomos, para gravar o que o robô faz (por meio de dados de sensores e do estado interno do sistema) de modo similar às caixas--pretas instaladas em aviões. Essa ideia também pode ser aplicada para a IA autônoma: quando algo der errado, tais dados podem nos ajudar a explicar o que exatamente deu errado. Isso pode auxiliar na análise ética e jurídica do caso. Além disso, como os pesquisadores acertadamente lembram, podemos aprender algo com a indústria da aviação, pois ela é altamente regulada e tem um rígido processo de certificação de segurança e processos visíveis de investigação de acidentes. Será que infraestruturas de regulação e segurança similares poderiam ser estabelecidas para a IA? Fazendo uma comparação com outro setor de transporte, a indústria automotiva também propôs certificações ou um tipo de "carteira de habilitação" para veículos autônomos que usam IA. Alguns pesquisadores vão além e almejam criar máquinas morais, buscando uma "ética da máquina" no sentido de que as máquinas em si possam tomar decisões éticas. Outros argumentam que essa é uma ideia perigosa e que isso deveria ficar restrito aos humanos, que é impossível criar agentes éticos plenos, que não há necessidade de as máquinas serem agentes éticos plenos e que basta que elas sejam seguras e respeitem a lei,[34]

---

**33** Alan F. T. Winfield et al. (orgs.), *Towards Autonomous Robotic Systems*. Cham: Springer, 2017, pp. 262-73.

**34** Roman V. Yampolskiy, "Artificial Intelligence Safety Engineering: Why Machine Ethics Is a Wrong Approach", in Vincent C. Müller (org.), *Philosophy and Theory of Artificial Intelligence*. Cham: Springer, 2013, pp. 289-96.

ou que podem existir formas de "moralidade funcional"[35] que não atingem o grau de uma moralidade plena, mas ainda assim tornam a máquina relativamente ética. Essa discussão, que se conecta novamente com o assunto do status moral, é relevante, por exemplo, no caso dos carros autônomos: até onde é necessário, possível e desejável embutir uma ética nesses carros, e qual deveria ser o tipo dessa ética e como ela deveria ser implementada tecnicamente?

Formuladores de políticas tendem a endossar muitos desses direcionamentos na pesquisa e inovação em IA, como é o caso da IA explicável e, de maneira mais geral, de embutir ética no projeto. Por exemplo, ao lado de métodos não técnicos, como regulamentação, padronização, educação, diálogo com as partes interessadas e equipes de projeto inclusivos, o relatório do Grupo de Especialistas de Alto Nível menciona um conjunto de *métodos* técnicos incluindo ética e Estado de Direito desde a concepção, arquiteturas para uma IA confiável, testagem e validação, rastreabilidade e auditabilidade, e explicação. Por exemplo, a ética desde a concepção pode incluir privacidade desde a concepção. O relatório também menciona alguns caminhos pelos quais uma IA confiável pode ser operacionalizada, tais como a rastreabilidade como via de contribuição para transparência: no caso de uma IA com base em regras, deve ser esclarecido como o modelo foi construído, e, no caso de uma IA com base em aprendizado, o método de treinamento do algoritmo deve ser esclarecido, incluindo como os dados foram obtidos e selecionados. Isso

---

**35** Wendell Wallach e Colin Allen, *Moral Machines: Teaching Robots Right from Wrong*. Oxford: Oxford University Press, 2009.

deve garantir que o sistema com IA é auditável, particularmente em situações críticas.[36]

A questão dos métodos e da operacionalização é crucial: uma coisa é citar alguns princípios éticos e outra é descobrir como implementá-los na prática. Mesmo conceitos como privacidade desde a concepção, que supostamente são próximos ao processo de desenvolvimento e engenharia, são geralmente formulados de um modo abstrato e geral: permanece vago o que exatamente devemos fazer. Isso nos leva para o próximo capítulo, em que discutimos brevemente alguns desafios presentes nas políticas para ética na IA.

---

**36** European Commission High-Level Expert Group on Artificial Intelligence, "Ethics Guidelines for Trustworthy AI", 8 abr. 2019. Brussels: European Commission.

# [11]
# Desafios para os formuladores de políticas

## Ética proativa: inovação responsável e incorporação de valores no projeto

Como seria de se esperar, políticas de cunho ético na IA enfrentam numerosos desafios. Vimos que algumas propostas de política endossam uma visão de ética na IA que é *proativa*: precisamos levar em conta a ética já no estágio inicial do desenvolvimento da tecnologia de IA. A ideia é evitar problemas éticos e sociais criados pela IA que seriam difíceis de resolver uma vez que já tenham surgido. Isso está de acordo com as ideias sobre inovação responsável, incorporação de valores no projeto e ideias similares propostas ao longo dos últimos anos. Desloca o problema de ter que lidar com os efeitos negativos de tecnologias que já são amplamente utilizadas para o problema de assumir responsabilidade por tecnologias que estão sendo desenvolvidas hoje.

Contudo, não é fácil prever as consequências não intencionais de novas tecnologias na fase de projeto. Um modo de mitigar esse problema é construir cenários sobre efeitos éticos futuros. Há vários métodos para se conduzir com ética a pesquisa e a inovação;[1] um deles é não somente estudar e avaliar o impacto de atuais narrativas sobre a IA,[2] mas também criar narrativas novas e mais concretas sobre aplicações particulares da IA.

---

[1] Wessel Reijers et al., "Methods for Practising Ethics in Research and Innovation: A Literature Review, Critical Analysis and Recommendation". *Science and Engineering Ethics*, v. 24, n. 5, pp. 1.437-81, 2018.

[2] "Portrayals and Perceptions of AI and Why They Matter". *The Royal Society*, 11 dez. 2018.

## Abordagens orientadas para a prática e construídas de baixo para cima: como traduzi-las para a prática?

Inovação responsável não é apenas inserir ética no projeto, mas também requer levar em consideração as opiniões e interesses das várias partes envolvidas. Governança inclusiva implica amplo envolvimento das partes interessadas, debate público e intervenção social nas fases iniciais da pesquisa e inovação.[3] Isso pode significar, por exemplo, organizar grupos de discussão e utilizar outras técnicas para saber o que as pessoas pensam sobre a tecnologia em questão.

Essa abordagem de inovação responsável construída mais de baixo para cima está de algum modo em conflito com a abordagem de ética aplicada da maioria dos documentos de políticas, que são majoritariamente formulados de cima para baixo e notavelmente abstratos. Primeiramente, políticas são frequentemente criadas por especialistas, sem contribuições da ampla variedade das partes interessadas. Em segundo lugar, mesmo que defendam princípios como ética desde a concepção, tendem a permanecer muito imprecisas sobre o que significa na prática aplicar tais princípios. Para fazer as políticas da IA funcionarem, continua sendo um grande desafio a construção de pontes entre, de um lado, os princípios éticos e legais, claramente abstratos e de alto nível e, de outro, as práticas de desenvolvimento tecno-

---

3   René von Schomberg (org.), *Towards Responsible Research and Innovation in the Information and Communication Technologies and Security Technologies Fields*. Luxembourg: Publications Office of the European Union, 2011.

lógico e sua aplicação em contextos específicos, além das tecnologias e vozes daqueles que são parte de tais práticas e trabalham em tais contextos. Esse trabalho de conexão é deixado para os destinatários de tais propostas. Será que se pode e se deve fazer mais em um estágio ainda inicial de formulação de políticas? Pelo menos, precisa-se de mais trabalho no "como", juntamente com o "o quê": os métodos, os procedimentos e as instituições de que precisamos para fazer a ética na IA funcionar na prática. Precisamos prestar mais atenção ao *processo*.

Com relação à pergunta "quem" no âmbito da ética na IA, precisamos de mais espaço para as abordagens de *baixo* para cima, ao lado das abordagens de cima para baixo, no sentido de escutar mais os pesquisadores e profissionais que trabalham com IA na prática e, certamente, as pessoas potencialmente prejudicadas por ela. Se defendemos o ideal da democracia e se tal conceito envolve inclusão e participação na tomada de decisão sobre o futuro de nossas sociedades, a escuta das vozes das partes interessadas não é uma opção, mas um requisito ético e político. Enquanto alguns formuladores de políticas se engajam em algum tipo de consulta às partes interessadas (por exemplo, a Comissão Europeia possui sua Aliança para a IA[4]), permanece questionável se tal esforço realmente alcança os desenvolvedores, os usuários finais das tecnologias e – mais importante – aqueles que terão de se expor aos riscos e viver com as suas consequências negativas. De fato, quão democráticas e participativas são a tomada de decisão e a política sobre a IA?

---

4   Cf. Ver página The European AI Alliance da European Commission, online.

O ideal da democracia também é ameaçado pelo fato de o poder estar concentrado nas mãos de um número relativamente pequeno de grandes corporações. Paul Nemitz[5] argumentou que tal acumulação de poder digital nas mãos de poucos é problemática. Se algumas empresas exercem poder não só sobre os indivíduos – elas acumulam poder nos categorizando –, mas também sobre as infraestruturas da democracia, então, apesar de suas melhores intenções em contribuir para uma IA ética, essas empresas também colocam barreiras para tal objetivo. Portanto, é necessário regular e definir limites para resguardar o interesse público e para ter certeza de que tais empresas não estipularão as regras sozinhas. Murray Shanahan também apontou a "tendência autoperpetuadora de poder, riqueza e recursos se concentrarem nas mãos de poucos",[6] o que torna difícil chegar a uma sociedade mais igualitária. Isso também torna as pessoas vulneráveis a todo tipo de risco, incluindo exploração e violação de privacidade, por exemplo, o que um estudo do Conselho da Europa chama de "o efeito assustador do reaproveitamento de dados".[7]

---

**5**  Paul Friedrich Nemitz, "Constitutional Democracy and Technology in the Age of Artificial Intelligence". *Philosophical Transactions of the Royal Society*, v. 376, n. 2.133, 2018.

**6**  Murray Shanahan, *The Technological Singularity*. Cambridge: MIT Press, 2015, p. 166.

**7**  Karen Yeung, "A Study of the Implications of Advanced Digital Technologies (Including AI Systems) for the Concept of Responsibility within a Human Rights Framework". Estudo encomendado pelo Comitê de especialistas em dimensões de direitos humanos do processamento automatizado de dados e diferentes formas de inteligência artificial do Conselho da Europa, 2018, p. 33.

Se compararmos a situação descrita acima com a política ambiental, também podemos ser pessimistas sobre a possibilidade de países agirem efetiva e colaborativamente quanto à ética na IA. Considere, por exemplo, o processo político em torno das mudanças climáticas nos Estados Unidos, onde por vezes até mesmo o *problema* do aquecimento global e das mudanças climáticas em si é negado e onde forças políticas poderosas trabalham contra qualquer iniciativa, ou mesmo o limitado sucesso de conferências internacionais sobre o clima para se chegar a um acordo sobre uma política climática comum e efetiva. Aqueles que buscam uma ação global em face dos problemas éticos e sociais levantados pela IA podem encontrar dificuldades similares. Frequentemente, interesses diferentes do bem público prevalecem, e há bem pouca política intergovernamental sobre as novas tecnologias, incluindo a IA. Uma exceção é o interesse global em banir armas letais automáticas, que também têm um aspecto de IA. Mas isso permanece uma exceção, e também não é apoiado por todos os países (tal questão permanece controversa nos Estados Unidos, por exemplo).

Além do mais, apesar de bem-intencionada, a ética desde a concepção e a inovação responsável podem ter suas próprias limitações. Primeiramente, métodos como projeto sensível a valores pressupõem que podemos articular nossos valores, e os esforços para construir máquinas morais assumem que podemos articular plenamente nossa ética. Porém esse não é necessariamente o caso; nossa ética cotidiana pode não ser uma questão de raciocínio plenamente articulado. Algumas vezes podemos responder a problemas éticos sem sermos capazes de justificar completamente nossa resposta.[8] Tomando emprestado um termo de Wittgenstein: nossa ética não é só corporificada, mas também imbuída em uma forma de vida. Ela é profundamente conectada com o modo pelo qual fazemos algo como seres corporificados e sociais, e como sociedades e culturas. Isso coloca limites ao projeto de articular completamente ética e raciocínio moral. É um problema para o projeto de desenvolvimento de máquinas morais e desafia as suposições de que ética e democracia podem ser *totalmente* deliberativas. Tal questionamento também é um problema para os formuladores de políticas que pensam que a ética na IA pode ser resolvida com uma lista de princípios ou por meio de métodos jurídicos e técnicos específicos. Nós, com toda a certeza, precisamos de métodos, procedimentos e operações. Mas essas coisas não são suficientes; a ética não funciona como uma máquina, e as políticas e a inovação responsável também não.

Em segundo lugar, essas abordagens também podem desenvolver uma *barreira* para a ética quando seja eticamente necessário interromper o desenvolvimento de uma tecnologia. Com frequência, funcionam na prática como um tipo de óleo que ajuda a lubrificar a maquinaria da inovação, a aumentar a lucratividade e a garantir a aceitação da tecnologia. Isso não é necessariamente ruim. Mas e se os princípios éticos indicarem que a tecnologia, ou uma aplicação particular da tecnologia, deve ser cessada ou pausada? Crawford e Calo[9] argumentaram que o projeto sensível a valores e as fer-

8 Paula Boddington, *Towards a Code of Ethics for Artificial Intelligence*. Cham: Springer, 2017.
9 Kate Crawford e Ryan Calo, "There Is a Blind Spot in AI Research". *Nature*, n. 538, pp. 311-13, 2016.

ramentas de inovação responsável trabalham com a premissa de que a tecnologia será desenvolvida; eles são menos úteis quando é necessário decidir se a tecnologia realmente deve ser desenvolvida ou não. Por exemplo, no caso da IA avançada, como as novas aplicações de aprendizado de máquina, pode ser que a tecnologia ainda não seja confiável ou tenha sérios problemas éticos e que, no mínimo, algumas aplicações (ainda) não devam ser usadas. Se a suspensão é sempre a melhor solução, ou não, a questão é que, no mínimo, devemos ter *espaço para fazer a pergunta* e decidir. Se falta esse espaço crítico, a inovação responsável continua sendo um disfarce para se fazer negócios como é de costume.

## Rumo a uma ética positiva

Dito isso, de modo geral a ética na IA não é necessariamente sobre banir coisas.[10] Outra barreira para fazer a ética na IA funcionar na prática é que muitos atores nesse campo, como empresas e pesquisadores técnicos, ainda pensam em ética como uma restrição, como algo negativo. Essa ideia não é completamente equivocada: frequentemente a ética tem de restringir, limitar ou dizer que algo é inaceitável. E, se levarmos a ética em IA a sério e implementarmos suas recomendações, podemos enfrentar algumas escolhas difíceis, em particular no curto prazo. A ética pode ter um custo em termos de dinheiro, tempo e energia. Contudo, ao reduzir riscos, a ética e a inovação responsável auxiliam o desenvolvimento sustentável de longo prazo dos negócios e da sociedade. Ainda é um

---

10 P. Boddington, *Towards a Code of Ethics for Artificial Intelligence*, op. cit.

desafio convencer todos os atores no campo da IA, incluindo os formuladores de políticas, de que esse é realmente o caso.

Note-se também que políticas e regulamentação não dizem respeito somente a banir coisas ou torná-las mais difíceis; elas também podem servir de suporte, oferecendo incentivos, por exemplo.

Além disso, mais do que uma ética negativa que estabelece limites, também precisamos explicitar e elaborar uma ética *positiva*: desenvolver uma visão da boa vida e da boa sociedade. Enquanto alguns dos princípios éticos propostos acima apontam para tal visão, permanece um desafio levar a discussão para essa direção. Como argumentado anteriormente, as questões éticas relativas à IA não são somente sobre tecnologia; envolvem vidas humanas e a prosperidade humana, o futuro da sociedade e, talvez, também os não humanos, o meio ambiente e o futuro do planeta (veja o próximo capítulo). Discussões sobre a ética e a política da IA nos levam, então, mais uma vez, às grandes perguntas que precisamos nos fazer – como indivíduos, como sociedades e talvez como humanidade. Filósofos podem nos ajudar a pensar sobre essas questões. Para formuladores de políticas, o desafio é desenvolver uma visão ampla sobre o futuro tecnológico que inclua ideias sobre o que é importante, significativo e valioso. Enquanto, em geral, as democracias liberais sejam construídas para deixar tais questões para os indivíduos e supostamente "superficiais" no que diz respeito ao bem viver (uma inovação política que no mínimo evitou alguns tipos de guerras e tem contribuído para a estabilidade e prosperidade), à luz dos desafios políticos e éticos que enfrentamos, seria irresponsável negligenciar completamente as questões éticas mais substanciais e "profundas". Políticas, inclusive políticas para IA, também devem tratar de ética positiva.

Para formuladores de tais políticas, porém, a maneira de proceder não é a de um voo solo, assumindo o papel do rei-filósofo platônico, mas encontrar o equilíbrio certo entre a tecnocracia e a democracia participativa. As questões colocadas dizem respeito a todos nós; todos somos partes interessadas nelas. Com isso, não podem ser deixadas nas mãos de poucos, sejam pessoas do governo, sejam de grandes corporações. Isso nos leva de volta às questões sobre como promover a inovação responsável e a participação no trabalho com as políticas de IA. O problema não tem a ver apenas com poder; tem a ver também com o bem: o bem para os indivíduos e o bem para a sociedade. Nossas ideias atuais sobre o bem viver e a boa sociedade, se pudermos realmente articulá-las, podem demandar muito mais discussões críticas. Deixe-me sugerir que, para o Ocidente, poderia ser útil no mínimo explorar a opção de tentar aprender com outros – no caso, os sistemas políticos não ocidentais e outras culturas políticas. Uma política de IA efetiva e bem-justificada não deve se furtar a tocar em discussões ético-filosóficas e político-filosóficas.

## Interdisciplinaridade e transdisciplinaridade

Há outras barreiras que precisamos superar se queremos tornar a ética na IA mais efetiva e apoiar o desenvolvimento responsável da tecnologia, evitando o que pesquisadores técnicos chamam de um novo "inverno da IA": uma desaceleração do desenvolvimento e investimento na IA. Uma delas é a falta de *interdisciplinaridade* e de *transdisciplinaridade*. Ainda nos deparamos com uma importante lacuna de formação e entendimento entre, de um lado, pessoas das humanidades e ciências sociais e, de outro, pessoas das ciências naturais e engenharia, tanto dentro quanto fora da academia. Até aqui, falta apoio institucional para uma conexão substancial e significativa entre esses dois "mundos", na academia e mais amplamente na sociedade. Mas, se realmente queremos ter uma tecnologia avançada ética – como uma IA ética –, precisamos trazer essas pessoas e esses mundos para mais perto uns dos outros, antes cedo do que tarde.

Isso requer uma mudança no modo pelo qual a pesquisa e o desenvolvimento são feitos – envolvendo não só técnicos e empresários, mas também pessoas das humanidades, por exemplo –, além de uma mudança em como nós *educamos* as pessoas, tanto os jovens quanto os não tão jovens. Precisamos garantir que, por um lado, pessoas com uma formação em humanidades tenham ciência da importância de pensar sobre as novas tecnologias, como a IA, e possam adquirir algum conhecimento sobre essas tecnologias e o que elas podem fazer. Por outro lado, cientistas e engenheiros precisam se tornar mais sensíveis aos aspectos éticos e sociais do desenvolvimento da tecnologia e seu uso. Quando aprenderem a usar a IA e, posteriormente, a contribuir para o desenvolvimento de uma nova tecnologia de IA, a ética deve ser vista não mais como um tópico marginal que possui pouca relação com suas práticas tecnológicas, mas como *parte essencial dela*. Idealmente, o significado de "fazer IA" ou "fazer ciência de dados" deveria, por conseguinte, simplesmente incluir a ética. De modo mais geral, *podemos considerar a ideia de um tipo mais diversificado e holístico de formação (Bildung) ou narrativa que* seja mais radicalmente interdisciplinar e plural, com respeito aos métodos e abordagens, seus tópicos e também suas mídias e tecnologias. Para ser direto: se engenheiros aprenderem a fazer coisas com textos e as pessoas das humanidades a fazer coisas com os computadores, haverá mais esperança para uma ética na tecnologia e para políticas que funcionem na prática.

## O risco de um inverno da IA e o perigo do uso alienado[11] da IA

Se essas diretrizes na política e na educação não saírem do papel e, de modo mais geral, se o projeto de uma IA ética falhar, teremos não só que enfrentar o risco de um "inverno da IA"; o risco final e, discutivelmente, mais importante é o desastre ético, social e econômico e os custos humanos, não humanos e ambientais relacionados. Isso não tem nada a ver com a singularidade, com exterminadores do futuro ou outros cenários apocalípticos sobre o futuro distante, mas com o lento, porém infalível aumento da acumulação de riscos tecnológicos e o consequente crescimento das vulnerabilidades humanas, sociais, econômicas e ambientais. Esse aumento dos riscos e vulnerabilidades está relacionado com o problema ético indicado aqui e nos capítulos anteriores, incluindo o uso ignorante e imprudente de tecnologias de automação avançadas como a IA. A lacuna na educação talvez esteja amplificando o que os riscos da IA fazem em geral: mesmo que a IA nem sempre crie diretamente riscos novos,

---

11 Os termos *mindless* e *mindlessness* foram traduzidos respectivamente por "alienado" e "alienação". [N. T.]

ela também, e especialmente, *multiplica os riscos existentes.*
Até aqui não há algo como uma "carteira de habilitação" para usar IA, e não há formação obrigatória em ética na IA para pesquisadores, técnicos, empresários, administradores governamentais e outras pessoas envolvidas na inovação, uso e políticas de IA. Há muitas IAs não domesticadas por aí nas mãos de pessoas que não conhecem seus riscos e problemas éticos, e que podem ter o tipo errado de expectativas sobre a tecnologia. O perigo é, mais uma vez, o exercício do poder sem conhecimento e (portanto) sem responsabilidade – e, pior ainda, sujeitar outros a isso. Se realmente existe algo como o mal, ele habita onde Hannah Arendt, filósofa do século XX, o situou: na alienação do trabalho e das decisões banais cotidianas. Assumir que a IA é neutra e usá-la sem entender o que se está fazendo contribui para tal alienação e, em última instância, para a corrupção ética do mundo. A política educacional pode nos ajudar a mitigar isso e, consequentemente, contribuir para uma IA benéfica e dotada de sentido.

Contudo, permanecem várias questões incômodas, talvez um pouco dolorosas, que são frequentemente negligenciadas nas discussões sobre ética e política da IA, mas que no mínimo merecem menção, se não muito mais análise. Ética em IA é somente sobre o bem e valor dos seres humanos, ou também devemos levar em conta valores, bens e interesses não humanos? E, mesmo se a ética na IA for principalmente sobre seres humanos, será possível que a questão da ética na IA não seja o problema mais importante para a humanidade tratar? Essa questão nos leva ao último capítulo.

# [12]
# É o clima, estúpido! Sobre prioridades, o antropoceno e o carro de Elon Musk no espaço

# A ética na IA deve ser centrada no ser humano?

Enquanto muitos escritos sobre ética e política de IA mencionam o meio ambiente ou o desenvolvimento sustentável, eles enfatizam os valores humanos e muitas vezes são explicitamente centrados no ser humano. Por exemplo, as Diretrizes Éticas da HLEG dizem que é necessária uma abordagem centrada no ser humano em relação à IA "na qual o ser humano goza de um status moral único e inalienável de primazia nos campos civil, político, econômico e social",[1] e universidades, como Stanford e MIT, têm enquadrado suas políticas de pesquisa em termos de IA centrada no ser humano.[2]

Normalmente essa centralidade humana é definida em relação à tecnologia: a ideia é que o bem e a dignidade do ser humano têm prioridade sobre qualquer coisa que a tecnologia possa exigir ou fazer. A questão é que a tecnologia deve beneficiar os seres humanos e servir a eles, e não o contrário. No entanto, como vimos nos primeiros capítulos, a adequação desse foco nos seres humanos envolvendo a ética na inteligência artificial não é, em princípio, tão óbvia quanto parece, especialmente se considerarmos abordagens pós--humanistas ou se questionarmos criticamente as narrativas

---

1 European Commission High-Level Expert Group on Artificial Intelligence, "Ethics Guidelines for Trustworthy AI", 8 abr. 2019. Brussels: European Commission, p. 10.

2 O High-Level Expert Group on Artificial Intelligence (Grupo de Especialistas de Alto Nível em Inteligência Artificial) foi criado pela Comissão Europeia para fornecer recomendações éticas e políticas para o desenvolvimento e uso da inteligência artificial. [N. E.]

de competição (humanos *versus* tecnologia). A filosofia da tecnologia mostra que há maneiras – mais sutis e mais sofisticadas – de definir a relação entre seres humanos e tecnologia. Além disso, uma abordagem centrada no ser humano é, no mínimo, não óbvia, se não problemática, quando lembramos das discussões filosóficas sobre o meio ambiente e outros seres vivos. Na filosofia e ética ambiental há uma longa discussão sobre o valor dos não humanos, especialmente dos seres vivos, sobre como respeitar esse valor e esses seres, e sobre as tensões potenciais que podem surgir com respeito ao valor dos seres humanos. Para a ética na IA, isso implica que devemos pelo menos fazer a pergunta sobre o impacto da IA em outros seres vivos e considerar o problema de que pode haver tensão entre os valores e interesses humanos e não humanos.

## Acertando nossas prioridades

Também se poderia argumentar que há outros problemas mais graves do que os causados pela IA e que é importante entender as prioridades de cada um. Essa objeção poderia surgir de uma consideração de problemas globais como as mudanças climáticas, que é, de acordo com alguns, *o* problema que a humanidade precisa tratar e priorizar, dada sua urgência e impacto potencial sobre o planeta como um todo.

Olhando para a agenda referente ao desenvolvimento sustentável (os chamados Objetivos do Desenvolvimento Sustentável)[3] das Nações Unidas de 2015 e sua visão geral das questões globais relativas ao que o então secretário-geral da

---

3   Cf. página Transforming our World, da ONU, online.

ONU Ban Ki-Moon chamou de "pessoas e planeta", vemos muitas questões globais que exigem atenção ética e política: desigualdades crescentes dentro dos países e entre eles, guerra e extremismo violento, pobreza e desnutrição, falta de acesso à água potável, falta de instituições democráticas e eficazes, envelhecimento da população, doenças infecciosas e epidêmicas, riscos relacionados à energia nuclear, falta de oportunidades para crianças e jovens, desigualdade de gênero e várias formas de discriminação e exclusão, crises humanitárias e todos os tipos de violações dos direitos humanos, problemas relacionados com a migração e os refugiados, além de mudanças climáticas e problemas ambientais – algumas vezes relacionados às mudanças climáticas –, como desastres naturais mais frequentes e intensos e formas de degradação ambiental, como a seca e a perda de biodiversidade. Diante desses enormes problemas, a IA deveria ser a nossa prioridade máxima? Será que a IA nos distrai de assuntos mais importantes?

Por um lado, o foco na IA e em outras questões de tecnologia parece ser incoerente quando tantos seres humanos sofrem e o mundo é atormentado por diversos tipos de problemas. Enquanto em uma parte do mundo as pessoas lutam para ter acesso à água potável ou para sobreviver em ambientes violentos, em outros lugares as pessoas estão preocupadas com sua privacidade na internet e fantasiam sobre um futuro em que as IAs alcançarão a superinteligência. Eticamente falando, parece haver algo suspeito na forma de se relacionar com as desigualdades e injustiças globais. A ética e a política não devem permanecer cegas em relação a tais problemas, que não se relacionam necessariamente com a inteligência artificial. Por exemplo, pode ser que, nos países em desenvolvimento, a *tecnologia convencional*, em vez da alta tecnologia, possa ajudar as pessoas a lidar com seus problemas, já que elas podem adquirir, instalar e manter esse tipo de tecnologia.

Por outro lado, a IA poderia causar novos problemas e também *agravar os problemas existentes* nas sociedades e com o meio ambiente. Alguns temem que a IA aumente a diferença entre ricos e pobres e que, como muitas tecnologias digitais, aumente o consumo de energia e crie mais desperdício. Nessa perspectiva, discutir a ética na IA e lidar com isso não é uma distração, mas uma das maneiras pelas quais podemos contribuir para resolver os problemas do mundo, inclusive os ambientais. Assim, poderíamos concluir que *também* precisamos prestar atenção à IA: sim, a pobreza, a guerra etc. são problemas sérios, mas a IA também pode causar ou agravar problemas sérios agora e no futuro, e ela deveria estar em nossa lista de problemas que precisam de soluções. No entanto, isso não responde à pergunta sobre prioridades – uma importante questão ética e política. A questão não é que haja respostas fáceis para essa pergunta; mas que a pergunta nem sequer *é feita* na maioria dos escritos acadêmicos e documentos de política sobre a IA.

## IA, mudanças climáticas e o Antropoceno

Uma das maneiras mais desafiadoras de fazer a pergunta sobre as prioridades é incluir a discussão sobre mudanças climáticas e temas relacionados, como o Antropoceno: "Por que se preocupar com a IA se o problema urgente é a mudança climática e o futuro do planeta que está em jogo?". Ou, adaptando uma frase da cultura política dos Estados Unidos: "É o clima, estúpido!". Deixe-me desdobrar esse desafio e discutir suas implicações para pensar sobre a ética na IA.

Enquanto alguns extremistas rejeitam as descobertas científicas, as mudanças climáticas são amplamente reconhecidas pelos cientistas e formuladores de políticas não apenas como um problema global sério, mas também "um dos maiores desafios de nosso tempo", segundo o texto dos Objetivos de Desenvolvimento Sustentável da ONU. Não é só um problema do futuro: a temperatura global e o nível do mar *já estão* subindo, o que já afeta as áreas e os países costeiros de baixa altitude. Em breve, mais pessoas terão de lidar com as consequências das mudanças climáticas. Muita gente conclui que precisamos agir urgentemente, *agora*, para mitigar os riscos das mudanças climáticas – "mitigar" porque o processo pode muito bem estar além do ponto de inflexão. A ideia é que não só está na hora de fazer algo, mas possivelmente já é tarde demais para evitar todas as consequências. Em comparação com os temores transumanistas de uma superinteligência, essa preocupação é muito mais bem sustentada por evidências científicas e tem ganhado apoio considerável entre as elites bem-instruídas do Ocidente, que, compreensivelmente cansadas do ceticismo pós-moderno e da burocratizada política identitária, veem agora uma razão para se concentrarem num problema que parece verdadeiro, real e universal: a mudança do clima está realmente acontecendo e envolve todos e tudo neste planeta. Uma recente onda de ativismo chama a atenção para a crise climática, como a campanha de Greta Thunberg e os protestos climáticos.

Às vezes o conceito de Antropoceno, formulado pelo pesquisador do clima Paul Crutzen e pelo biólogo Eugene Stoermer, é usado para enquadrar o problema. A ideia é que vivemos em uma época geológica em que a humanidade aumentou dramaticamente seu poder sobre a Terra e seus ecossistemas, transformando-se em uma força geológica. Consideremos o crescimento exponencial das populações humanas e de gado, a urbanização crescente, o esgotamento dos combustíveis fósseis, o uso maciço de água potável, a extinção de espécies, a emissão de substâncias tóxicas e assim por diante. Alguns acreditam que o Antropoceno começou com a revolução agrícola; outros, que ganhou força com a revolução industrial[4] ou depois da Segunda Guerra Mundial. Em todo caso, um novo relato e uma nova história foram criados, talvez até uma nova grande narrativa. O conceito é frequentemente usado hoje para expor a preocupação com o aquecimento global e a mudança climática e para reunir várias disciplinas (incluindo as humanidades) para pensar sobre o futuro do planeta.

Nem todos adotam o termo – ele é controverso mesmo entre os geólogos – e alguns questionaram seu antropocentrismo. Por exemplo, Haraway[5] argumentou, sob uma perspectiva pós-humanista, que outras espécies e atores "abióticos" também desempenham seu papel no meio ambiente em mutação. Mas, mesmo sem um conceito controverso como o

---

**4** Paul J. Crutzen, "The 'Anthropocene'", in Eckart Ehlers e Thomas Krafft (orgs.). *Earth System Science in the Anthropocene*. Cham: Springer, 2006, pp. 13-18.
**5** Donna Haraway, "Anthropocene, Capitalocene, Plantationocene, Chthulucene: Making Kin". *Environmental Humanities*, n. 6, pp. 159-65, 2015.

Antropoceno, as mudanças climáticas e (outros) problemas ambientais vieram para ficar, e a política deve tratar deles, o quanto antes. O que isso significa para a gestão de IA?

Muitos pesquisadores acreditam que a IA e o Big Data também poderiam nos ajudar a lidar com muitos dos problemas do mundo, inclusive com as mudanças climáticas. Tal como as tecnologias digitais de informação e comunicação em geral, a IA pode contribuir para o desenvolvimento sustentável e para tratar de vários problemas ambientais. É provável que a IA sustentável se torne um caminho de sucesso em pesquisa e desenvolvimento. Entretanto, a IA também poderia piorar as coisas para o meio ambiente – e, portanto, para todos nós. Considere novamente o aumento do consumo de energia e do desperdício. E, visto da perspectiva do problema do Antropoceno, o risco é que os seres humanos poderiam usar a IA para aumentar seu controle sobre a Terra, piorando assim o problema em vez de resolvê-lo.

Isso é especialmente problemático se a IA for vista não apenas como *uma* solução, mas como a *principal* solução. Considere um cenário de uma IA superinteligente que sabe melhor do que nós, humanos, o que é bom para nós: uma IA "benigna" que serve à humanidade fazendo os seres humanos agirem no seu próprio interesse e no interesse do planeta – digamos, um equivalente tecnológico do rei filósofo de Platão, um deus máquina. O *Homo deus*[6] é substituído pelo IA *deus*, que administra por nós nosso sistema de suporte à vida e também nos administra. Para resolver os problemas de dis-

---

**6** Yuval Noah Harari, *Homo Deus: Uma breve história do amanhã*, trad. Paulo Geiger. São Paulo: Companhia das Letras, 2016.

tribuição de recursos, por exemplo, a IA poderia atuar como um "servidor", administrando o acesso que os seres humanos têm a recursos. Suas decisões seriam baseadas em sua análise de padrões nos dados. Esse cenário de regime poderia ser combinado com soluções tecnológicas prometeicas, como a geoengenharia. Não são apenas os seres humanos que precisam ser gerenciados; o planeta precisa ser reprojetado. Assim, a tecnologia seria usada para "consertar" nossos problemas e os do planeta.

No entanto, esses cenários não seriam só autoritários e violariam a autonomia humana, mas também contribuiriam centralmente para o próprio problema do Antropoceno: a hiperagência humana, desta vez delegada pelos humanos às máquinas, transforma todo o planeta em um recurso e em uma máquina para os seres humanos. O problema do Antropoceno é "resolvido" levando-o ao seu extremo tecnocrático, levando a um mundo de máquinas em que os seres humanos são inicialmente tratados como crianças a serem cuidadas para, talvez, mais tarde, se tornarem obsoletos. Com esse tipo de Antropoceno de Big Data e com o bem-conhecido drama de os seres humanos serem substituídos por máquinas, voltamos aos cenários de sonhos e pesadelos.

## A nova loucura espacial e a tentação platônica

Outra resposta à mudança climática e ao Antropoceno, que também é uma visão tecnofílica e às vezes ligada a narrativas transumanistas é a seguinte: podemos acabar arruinando *este* planeta, mas poderemos fugir da Terra e ir para o espaço.

Uma imagem icônica de 2018 foi o carro esportivo Tesla de Elon Musk flutuando no espaço.[7] Musk também tem planos de colonizar Marte. Ele não é o único sonhador: há um interesse crescente em ir para o espaço. E isso é mais do que apenas um sonho. Muito dinheiro está sendo investido em projetos espaciais. Em contraste com a corrida espacial do século XX, a de agora é impulsionada por empresas privadas. E não só os milionários da tecnologia, mas também os artistas estão muito interessados no espaço. A empresa de Musk (a SpaceX) planeja enviar artistas para orbitar a Lua. O turismo espacial é outra ideia cada vez mais popular. Quem não gostaria de ir ao espaço? O espaço é um assunto quente.

Não há nada de errado em si em ir ao espaço. Há benefícios potenciais. Por exemplo, a pesquisa sobre como sobreviver em ambientes mais extremos pode nos ajudar a lidar com problemas na Terra, testar tecnologias sustentáveis e assumir uma perspectiva planetária. Considere também que o problema do Antropoceno só pôde ser formulado porque, muitos anos antes, a tecnologia espacial nos permitiu ver a Terra à distância. E voltando à imagem do carro de Musk: alguns pensam que o carro elétrico é uma solução para os problemas ambientais, sem questionar a suposição de que os carros são o melhor meio de transporte e sem considerar como a eletricidade é produzida. De qualquer modo, há ideias interessantes por aí.

Porém os sonhos espaciais são problemáticos se o resultado for que os problemas terrenos sejam negligenciados e se

---

**7** Bonnie Malkin, "SpaceX Oddity: How Elon Musk Sent a Car Towards Mars". *The Guardian*, 7 fev. 2018.

forem sintomáticos de uma tendência que Hannah Arendt[8] já diagnosticou quando escreveu sobre a condição humana: muita abstração e alienação. Ela sugeriu que a ciência sustenta um desejo de deixar a Terra: literalmente, por meio da tecnologia espacial (em seu tempo, o Sputnik), mas também por meio de métodos matemáticos que abstraem e nos alienam do que eu chamaria de nossa confusa, encarnada e política vida terrena. Nessa perspectiva, as fantasias transumanistas sobre superinteligência e sobre deixar a Terra podem ser interpretadas como expoentes de um tipo problemático de alienação e escapismo. Isso é platonismo e transumanismo em sua forma mais óbvia: a ideia de superar não só as limitações do corpo humano, mas também as desse outro "sistema de suporte à vida", a própria Terra. Não só o corpo, mas também a Terra é vista como uma prisão, como algo de que precisamos escapar.

Um perigo da IA, portanto, é que ela permite esse tipo de pensamento e se torna uma máquina de alienação: um instrumento para deixar a Terra e negar nossa condição existencial vulnerável, corpórea, terrestre e dependente. Em outras palavras: um foguete. Mais uma vez, não há nada de errado com os foguetes em si. O problema é a mistura de tecnologias particulares com narrativas igualmente particulares. Embora a IA possa ser potencialmente uma força positiva para nossa vida pessoal, para a sociedade e para a humanidade, uma combinação da amplificação das tendências abstracionistas e alienantes na ciência e na tecnologia com fantasias transumanistas e "transterrenas" pode levar a um futuro tecnológico

---

8 Hannah Arendt, *A condição humana* [1958], trad. Roberto Raposo. Rio de Janeiro: Forense Universitária, 2007.

que não é bom para os seres humanos e outros seres vivos na Terra. Se escaparmos em vez de lidarmos com nossos problemas – por exemplo, as mudanças climáticas –, poderemos ganhar Marte (por ora), mas perder a Terra.

E, como sempre, há outro lado político nisso: alguns têm mais oportunidades, dinheiro e poder para escapar do que outros. O problema não é apenas que a tecnologia espacial e a IA têm custos reais para a Terra e que todo o dinheiro investido em projetos espaciais não é gasto em problemas reais da Terra, como a guerra e a pobreza; a preocupação é também que os ricos poderão escapar da Terra que destroem, enquanto o resto de nós terá que ficar em um planeta cada vez mais inóspito.[9] Como foguetes e outras tecnologias, a IA pode se tornar uma ferramenta para a "sobrevivência dos mais ricos", como disse um comentador.[10] Hoje em dia, algumas dessas coisas já estão acontecendo com outras tecnologias: em cidades como Delhi e Pequim, a maioria das pessoas é atormentada pela poluição do ar, enquanto os ricos escapam, vivem em áreas menos poluídas ou compram um ar melhor usando tecnologias de purificação do ar. Nem todos respiram o mesmo ar. Será que a IA contribuirá para essas diferenças entre ricos e pobres, levando a vidas mais estressantes e insalubres para uns e vidas melhores para outros? Será que a IA nos alienará dos problemas ambientais? Parece um requisito ético que a IA também melhore a vida na Terra, de preferência para todos nós e levando em conta que dependemos da Terra para a vida

---

**9** Ver, por exemplo, Jess Zimmerman, "What If the Mega-Rich Just Want Rocket Ships to Escape the Earth They Destroy?". *The Guardian*, 16 set. 2015.
**10** Douglas Rushkoff, "Survival of the Richest". *Medium*, 5 jul. 2018.

humana. Algumas narrativas espaciais podem dificultar mais do que ajudar a alcançar esse objetivo.

## Retorno à Terra: rumo à IA sustentável

Permita-me voltar ao problema muito prático das prioridades e aos riscos muito reais e atuais relacionados às mudanças climáticas. O que a ética e a política da IA devem fazer diante desses desafios? E quando houver conflitos com o valor de vidas não humanas, como eles podem ser resolvidos? A maioria das pessoas concordará que apenas entregar o controle a uma IA ou escapar da Terra não são boas soluções. Mas o que é uma boa solução? Existe uma solução? Uma resposta mais produtiva a essas perguntas nos leva necessariamente de volta a questões filosóficas sobre como nós, como seres humanos, nos relacionamos com a tecnologia e com o nosso meio ambiente. Isso também nos leva de volta ao capítulo sobre a tecnologia: o que a IA e a ciência de dados podem fazer por nós, e o que podemos razoavelmente esperar da IA?

É claro que a IA pode nos ajudar a enfrentar os problemas ambientais. Considere as mudanças climáticas. A IA pareceria particularmente adequada a nos ajudar com problemas tão complexos. A IA pode nos ajudar a estudar o problema, por exemplo, detectando padrões em dados ambientais que não podemos ver, já que os dados são tão abundantes e complexos. Pode nos ajudar também com soluções, por exemplo, para lidar com a complexidade de coordenação e para implementar medidas como cortes nas emissões nocivas, como Floridi e colaboradores argumentaram.[11] De maneira mais geral, a IA poderia ajudar por meio de monitoramento e modelagem de sistemas ambientais e possibilitando soluções como matrizes de energia inteligentes e agricultura inteligente, como propõe um blog do Fórum Econômico Mundial.[12] Governos, mas também empresas, podem assumir essa liderança. Por exemplo, a Google já usou IA para reduzir o uso de energia na sua central de dados.

No entanto, isso não necessariamente "salva o planeta". A IA também pode causar problemas e potencialmente piorar as coisas. Considere-se novamente o impacto ambiental negativo que a IA pode ter em função da energia, da infraestrutura e dos materiais de que ela depende. Precisamos considerar não apenas o uso, mas também a produção: a eletricidade pode ser produzida de maneiras não sustentáveis, e a produção de dispositivos de IA usa energia e matérias-primas e produz resíduos. Ou considere o "autoestímulo" proposto por Floridi e colaboradores: eles sugerem que a IA pode nos ajudar a nos comportar de maneira ambientalmente boa, ajudando-nos a manter nossa escolha autoimposta. Mas isso tem seus próprios riscos éticos: não está claro que respeite a autonomia e a dignidade humana, como os autores afirmam, e pode ir na direção de uma IA benigna que cuida dos seres humanos, mas destrói a liberdade humana e contribui para o problema do Antropoceno. Há pelo menos o *risco* de novas formas de

---

11 Luciano Floridi et al., "AI4People: An Ethical Framework for a Good AI Society: Opportunities, Risks, Principles, and Recommendations". *Minds and Machines*, v. 28, n. 4, pp. 689-707, 2018.

12 Celine Herweijer, "8 Ways AI Can Help Save the Planet". *World Economic Forum*, 24 jan. 2018.

paternalismo e autoritarismo. Além disso, o uso da IA para enfrentar as mudanças climáticas pode ir de mãos dadas com uma visão de mundo que o transforma em um mero repositório de dados e com uma visão do ser humano que reduz a inteligência humana ao processamento de dados – talvez um tipo bastante inferior de processamento de dados, que requer um aprimoramento realizado por máquinas. É improvável que essas visões reformulem nossa relação com o meio ambiente de maneira a mitigar desafios como as mudanças climáticas e os problemas indicados pelo termo Antropoceno.

Corremos também um risco de tecnossolucionismo, na medida em que propostas para o uso de IA para enfrentar problemas ambientais podem presumir que existiria uma solução última para todos os problemas, que a tecnologia por si só poderia fornecer a resposta para nossas questões mais difíceis e que podemos solucionar os problemas completamente pelo uso da inteligência humana ou artificial. Mas problemas ambientais não podem ser completamente solucionados por meio da inteligência tecnocientífica; também estão ligados a problemas políticos e sociais que não podem ser tratados somente por meio de tecnologia. Problemas ambientais são sempre também problemas humanos. E a matemática e seus desdobramentos tecnológicos são ferramentas úteis, mas limitadas quando se trata de entender problemas humanos e lidar com eles. Por exemplo, valores podem estar em conflito. A IA não necessariamente nos ajuda a responder à pergunta sobre prioridades, que é uma questão política e ética importante que devemos deixar para os seres humanos responderem. E as humanidades e as ciências sociais nos ensinam a ser cuidadosos com soluções "finais".

Além disso, os seres humanos não são os únicos com problemas; não humanos também encontram dificuldades, as quais são geralmente negligenciadas em discussões sobre o futuro da IA. Finalmente, a visão de que devemos fugir da Terra, ou a de que tudo é uma massa de dados que nós, humanos, podemos manipular com o auxílio das máquinas, pode levar ao aumento das desigualdades entre ricos e pobres e a formas de exploração e violação da dignidade humana em larga escala, bem como à ameaça da vida das futuras gerações em função do risco de destruição das condições de vida no nosso planeta. Precisamos refletir mais profundamente sobre como construir sociedades e ambientes sustentáveis – precisamos de pensamento *humano*.

## Procura-se: inteligência e sabedoria

No entanto, o modo de pensar dos seres humanos também tem muitas facetas. A IA está relacionada a um tipo de inteligência e pensamento humano: o mais abstrato, de caráter cognitivo. Esse tipo de pensamento se provou muito bem-sucedido, mas tem suas limitações e não é o único tipo de pensamento a que podemos ou devemos recorrer. Responder a questões éticas e políticas relativas a como viver, como lidar com o nosso meio ambiente e como nos relacionarmos melhor com os seres vivos não humanos requer mais do que inteligência humana abstrata (como argumentos, teorias e modelos) ou reconhecimento de padrões com base em IA. Precisamos de pessoas perspicazes e máquinas inteligentes, mas também precisamos de intuições e *know-how* que não podem ser completamente explicitados, além de sabedoria prática e virtude para responder a problemas e situações concretas e decidir nossas prioridades. Tal sabedoria pode ser abastecida por processos cognitivos abstratos e análise de dados, mas também tem como base experiências corporificadas, relacionais e situacionais no mundo, na lida com outras pessoas, com a materialidade e com o nosso ambiente natural. Nosso sucesso em enfrentar os grandes problemas do nosso tempo provavelmente dependerá de combinações entre inteligência abstrata – humana e artificial – e sabedoria prática concreta, desenvolvida com base na prática e na experiência humanas, de caráter situacional e concreto – incluindo a nossa experiência com a tecnologia. Seja qual for a direção do futuro desenvolvimento da IA, o desafio de aperfeiçoar esse tipo de conhecimento e aprendizado é nosso. Os seres humanos devem fazer isso. A IA é boa em reconhecer padrões, mas não se pode delegar sabedoria às máquinas.

# Agradecimentos

Este livro se baseia não apenas em meu próprio trabalho sobre o assunto, mas reflete o conhecimento e a experiência de todo o domínio da ética na IA. Seria impossível listar todas as pessoas com quem debati e aprendi ao longo dos anos, mas as comunidades relevantes e em rápido crescimento que conheço incluem pesquisadores em IA, como Joanna Bryson e Luc Steels; colegas filósofos da tecnologia, como Shannon Vallor e Luciano Floridi; acadêmicos que trabalham com inovação responsável na Holanda e Reino Unido, tais como Bernd Stahl, da De Montfort University; pessoas que conheci em Viena, como Robert Trappl, Sarah Spiekermann e Wolfgang (Bill) Price; bem como meus colegas membros de comitês consultivos para políticas do Grupo de Especialistas de Alto Nível em IA (Comissão Europeia) e do Conselho Austríaco para Robótica e Inteligência Artificial, por exemplo Raja Chatila, Virginia Dignum, Jeroen van den Hoven, Sabine Köszegi e Matthias Scheutz – para mencionar apenas alguns poucos. Gostaria também de agradecer calorosamente a Zachary Storms, por me ajudar na revisão e formatação do texto, e também a Lena Starkl e Isabel Walter, pelo apoio na revisão da literatura.

# Sobre o autor

MARK COECKELBERGH nasceu em 1975, em Leuven, na Bélgica. Graduou-se em ciências sociais em 1997 na Universidade de Leuven, onde obteve também, no mesmo ano, o mestrado em ciências políticas. Em 1999, concluiu o mestrado em filosofia social pela Universidade de East Anglia, no Reino Unido, e em 2003 obteve o doutorado em filosofia pela Universidade de Birmingham, também no Reino Unido. Desde 2015, é professor titular de Filosofia da Mídia e Tecnologia no Departamento de Filosofia da Universidade de Viena, na Áustria. De 2017 e 2019, foi presidente da Sociedade para Filosofia e Tecnologia (SPT). Em 2023, passou a ocupar a cadeira ERA do Instituto de Filosofia da Academia Tcheca de Ciências em Praga e tornou-se professor visitante da Universidade de Uppsala e do Programa Wallenberg de IA, Sistemas Autônomos e Software – Humanidades e Sociedade (WASP-HS), ambos na Suécia. Em 2017, foi finalista do Prêmio Mundial de Tecnologia na categoria "Ética". É pesquisador da Rede Mundial de Tecnologia (WTN) e membro do Grupo de Especialistas de Alto Nível da Comissão Europeia sobre Inteligência Artificial; do Conselho Austríaco de Robótica e Inteligência Artificial; e da Iniciativa Global IEEE para Considerações Éticas em Inteligência Artificial e Sistemas Autônomos. Publicou mais de quinze livros e diversos artigos no campo da filosofia da tecnologia, com ênfase na relação entre ética e tecnologias como a robótica e a inteligência artificial. É membro do conselho editorial de periódicos e coleções de livros nessa área, como AI and Ethics, AI for Sustainable Development, AI & Society, Science and Engineering Ethics e Cognitive Systems Research.

Participou de uma série de projetos de pesquisa na Europa no campo da robótica, incluindo PERSEO, DREAM, INBOTS, SATORI e SIENNA.

## obras selecionadas

"Artificial intelligence, Responsibility Attribution, and a Relational Justification of Explainability". *Science and Engineering Ethics*, v. 26, n. 4, 2020, pp. 2.051-68.

*New Romantic Cyborgs: Romanticism, Information Technology, and the End of the Machine*. Cambridge: MIT Press, 2017.

*Using Words and Things: Language and Philosophy of Technology*. New York: Routledge, 2017.

*Environmental Skill: Motivation, Knowledge, and the Possibility of a Non-Romantic Environmental Ethics*. New York: Routledge, 2015.

*Human Being @ Risk: Enhancement, Technology, and the Evaluation of Vulnerability Transformations*. Dordrecht: Springer, 2013.

"Can We Trust Robots?". *Ethics and Information Technology*, v. 14, 2012, pp. 53-60.

*Growing Moral Relations: Critique of Moral Status Ascription*. London: Palgrave Macmillan, 2012.

"Humans, Animals, and Robots: A Phenomenological Approach to Human-Robot Relations". International Journal of Social Robotics, v. 3, 2011, pp. 197-204.

"Health Care, Capabilities, and AI Assistive Technologies". *Ethical Theory and Moral Practice*, v. 13, 2010, pp. 181-90.

"Robot Rights? Towards a Social-Relational Justification of Moral Consideration". *Ethics and Information Technology*, v. 12, n. 3, 2010, pp. 209-21.

**Coleção Exit** Como pensar as questões do século XXI? A coleção Exit é um espaço editorial que busca identificar e analisar criticamente vários temas do mundo contemporâneo. Novas ferramentas das ciências humanas, da arte e da tecnologia são convocadas para reflexões de ponta sobre fenômenos ainda pouco nomeados, com o objetivo de pensar saídas para a complexidade da vida hoje.

**leia também**

*24/7 – capitalismo tardio
e os fins do sono*
Jonathan Crary

*Reinvenção da intimidade –
políticas do sofrimento cotidiano*
Christian Dunker

*Os pecados secretos da economia*
Deirdre McCloskey

*Esperando Foucault, ainda*
Marshall Sahlins

*Big Tech – a ascensão dos dados
e a morte da política*
Evgeny Morozov

*Depois do futuro*
Franco Berardi

*Diante de Gaia – oito conferências
sobre a natureza no Antropoceno*
Bruno Latour

*Tecnodiversidade*
Yuk Hui

*Genética neoliberal –
uma crítica antropológica da
psicologia evolucionista*
Susan McKinnon

*Políticas da imagem – vigilância e
resistência na dadosfera*
Giselle Beiguelman

*Happycracia – fabricando
cidadãos felizes*
Edgar Cabanas e Eva Illouz

*O mundo do avesso – verdade e
política na era digital*
Letícia Cesarino

*Terra arrasada – além da era
digital, rumo a um mundo
pós-capitalista.*
Jonathan Crary

Título original: *AI Ethics*
© The Massachusetts Institute of Technology, 2020
© Ubu Editora, 2023

Coordenação editorial  FLORENCIA FERRARI
Preparação  HUGO MACIEL
Revisão  RICARDO LIBERAL
Projeto gráfico da coleção  ELAINE RAMOS e
    FLÁVIA CASTANHEIRA
Projeto gráfico deste título  JULIA PACCOLA
Produção gráfica  MARINA AMBRASAS

equipe ubu
Direção  FLORENCIA FERRARI
Direção de arte  ELAINE RAMOS, JÚLIA PACCOLA e
    NIKOLAS SUGUIYAMA (assistentes)
Coordenação geral  ISABELA SANCHES
Coordenação de produção  LIVIA CAMPOS
Editorial  BIBIANA LEME e GABRIELA RIPPER NAIGEBORIN
Direitos autorais  MICAELY SILVA
Comercial  LUCIANA MAZOLINI e ANNA FOURNIER
Comunicação / Circuito Ubu  MARIA CHIARETTI, WALMIR
    LACERDA e SEHAM FURLAN
Design de comunicação  MARCO CHRISTINI
Gestão Circuito Ubu / Site  CINTHYA MOREIRA e VIVIAN T.

1ª reimpressão, 2024

EDITORA PUC-RIO
Rua Marquês de São Vicente, 225
prédio Kennedy, 7º andar
Campus Gávea/PUC-Rio
22451 900 Rio de Janeiro RJ
(21) 3527 1838
edpucrio@puc-rio.br
editora.puc-rio.br
 / editorapucrio

UBU EDITORA
Largo do Arouche 161 sobreloja 2
01219 011 São Paulo SP
professor@ubueditora.com.br
ubueditora.com.br
 /ubueditora

Dados Internacionais de Catalogação na Publicação (CIP)
Bibliotecário Vagner Rodolfo da Silva – CRB 8 / 9410

C672e    Coeckelbergh, Mark [1975-]
    Ética na inteligência artificial / Mark Coeckelbergh;
    título original: *AI Ethics*; traduzido por Clarisse de
    Souza et al.
    São Paulo / Rio de Janeiro: Ubu Editora / Editora PUC-Rio,
    2023 / 192 pp./ Coleção Exit
    ISBN UBU 978 85 7126 124 2
    ISBN PUC-RIO 978 85 8006 310 3

    1. Tecnologia. 2. Inteligência artificial. 3. Big Techs.
    4. Internet. 5. Ética. I. Souza, Clarisse de. II. Lyra, Edgar.
    III. Ferreira, Matheus. IV. Delgado, Waldyr V. Título
    VI. Série

    2023-3036                    CDD 006.3  CDU 004.81

Índice para catálogo sistemático:
1. Tecnologia: Inteligência artificial 006.3
2. Tecnologia: Inteligência artificial 004.81

fonte  **Edita e Aglet Mono**
papel  **Alta alvura 90 g/m²**
impressão  **Margraf**